金融博士论丛·第十五辑

辽宁省中小企业融资困境及策略研究

The Studies of Liaoning SMEs' Financing Problems and Strategies

郑永海　著

 中国金融出版社

责任编辑：张　超　胡新兵

责任校对：张志文

责任印制：陈晓川

图书在版编目（CIP）数据

辽宁省中小企业融资困境及策略研究（Liaoningsheng Zhongxiao Qiye Rongzi Kunjing ji Celüe Yanjiu）/郑永海著. —北京：中国金融出版社，2012.9

（金融博士论丛）

ISBN 978 - 7 - 5049 - 6549 - 3

Ⅰ.①辽…　Ⅱ.①郑…　Ⅲ.①中小企业—企业融资—研究—辽宁省

Ⅳ.①F279.243

中国版本图书馆 CIP 数据核字（2012）第 193222 号

出版　**中国金融出版社**
发行

社址　北京市丰台区益泽路 2 号

市场开发部　（010）63266347，63805472，63439533（传真）

网上书店　http：//www.chinafph.com

　　　　　（010）63286832，63365686（传真）

读者服务部　（010）66070833，62568380

邮编　100071

经销　新华书店

印刷　保利达印务有限公司

尺寸　169 毫米×239 毫米

印张　9.75

字数　166 千

版次　2012 年 9 月第 1 版

印次　2012 年 9 月第 1 次印刷

定价　25.00 元

ISBN 978 - 7 - 5049 - 6549 - 3/F.6109

如出现印装错误本社负责调换　联系电话(010)63263947

编辑部邮箱：jiaocaibu@yahoo.com.cn

摘　要

　　中小企业的融资困境，是在世界范围内普遍存在的。在西方经济发达国家，由于完善的金融支持体系、活跃而发达的金融市场、健全的法律法规，使这一问题得到了较有效的缓解。而在我国当前特殊的经济体制发展阶段，由于国家金融支持体系尚不健全、相关的法律法规不完善、金融市场运作不规范、企业自身发展不足等原因，融资难的问题显得格外突出，并且已成为遏制我国中小企业发展的"瓶颈"。因此，研究我国中小企业融资困境并给出对策建议具有重要的理论意义与现实意义。

　　改革开放以来，辽宁省中小企业日益成为地区社会经济体系中一个重要的组成部分，在促进经济增长、缓解就业压力、推动科技创新、稳定财政收入和优化经济结构等方面都发挥着积极而重要的作用。

　　融资难一直是困扰辽宁省中小企业生存和发展的一大顽症。本书立足辽宁省实际，就辽宁省中小企业融资困境的现状及深层原因展开研究，并充分借鉴国内在解决中小企业融资难这一问题上的先进经验和方法，结合该省目前的经济特点及现状，尝试性地找出一些现实对策，以期能够对根本解决这一难题有所裨益，使中小企业真正摆脱融资困境，为振兴东北老工业基地作出应有的贡献。

　　首先，本书从融资理论的角度出发，对西方现代企业融资的理论演变进行了系统的梳理，并进行了客观的评价；在此基础上，基于我国作为发展中国家的"二元经济特征"所固有的双重信贷配给的特点出发，系统地提出了适用于辽宁省中小企业融资的理论基础。

　　其次，本书从国内视角出发，借鉴国内典型而且成功的中小企业融资经验。主要借鉴了珠江三角洲地区以外向型发展为主和温州地区以内向型发展为主的中小企业融资体系，希望对辽宁省中小企业融资体系的完善起到一定的借鉴作用。

　　再次，本书对辽宁省中小企业的融资现状进行了实地调研，对中小企业在辽宁省经济发展中所发挥的巨大作用有了更进一步的认识，并在调研的基础上对辽宁省中小企业融资的现状及存在的主要问题进行了概括总结。

　　然后，在把握辽宁省中小企业融资现状及存在主要问题的基础上，本书主要从制度经济学的研究视角，对辽宁省中小企业融资困境的成因进行了系统的分析。笔者认为，产权制度的缺陷、信用制度的缺失、信息不对称的约束以及政府干预的不完美性是构成对辽宁省中小企业融资困境的主要制度约束。

在上述对辽宁省中小企业融资现状和成因实地调研和分析的基础上，本书分别从融资结构、融资渠道和融资效率三个方面进行了实证分析。

最后，本书在前文实证分析的基础上，提出了构建辽宁省中小企业融资体系的对策建议。具体对策同时从内部、外部两方面着手，要从根本上解决辽宁省中小企业融资的种种困难，迫切需要从制度体系上尽快建立一个能够适应并加速中小企业发展的融资体系。这一融资体系应当是一个相对完整的内源融资和外源融资的体系，而且是一个在外源融资方面政策性融资、直接融资和间接融资三者不可或缺的综合体系，以期为中小企业发展创造一个稳定的融资环境和可靠的融资保障机制。该体系的建立必须依靠四方面力量的组合，即提高中小企业自身融资能力，优化中小企业融资的外部环境，完善中小企业信用体系，以及加大政府的政策扶植力度。

关键词：中小企业　融资结构　融资效率　制度　策略

Abstract

The medium – sized and small enterprises' financing difficulty exists commonly within the whole world. In the west developed countries, the perfect finance supporting systems, active and advanced financial markets, and amplify necessary laws and statutes, alleviate the problem effectively. Under our country's special economy system developing stage, because of the non – perfect finance supporting systems, the non – perfect associated laws and statutes, non – standard financial market operation, insufficient development of the enterprises, etc., the problem of financing appears especially severe, and has already become the "bottleneck" blocking our country's medium – sized and small enterprises from developing. Therefore, studying our country medium – sized and small enterprises financing difficult position and giving out a countermeasure studying carries both important theory significance and practical significance.

Since the reform and openness, Liaoning Province medium – sized and small enterprises plays a vital important part in area society economic system gradually, especially on stimulating economic growth, relieving employment pressure, driving the new ideas in science and technology, stabilizing the finance sources and optimizing the economic structures. However, Liaoning province medium – sized and small enterprises are facing with the development "bottleneck".

Difficulties in financing has always been apersistent ailment which suffering Liaoning Province medium – sized and small enterprises' exists and development. In this thesis, the researcher, on the basis of the actual conditions of Liaoning Province, doing researches on the current situation of difficult financing and deeper causes, it also modifies the western modern enterprises' advanced experience and methods on how to deal with the financing problem, combining with the present features and current situation of our province, attempting to find out some countermeasures. To expect to be able to have benefits to solve this difficult problem, make our province medium – sized and small enterprises shake off financing difficult position. To make a due contribution to the vitalizing the old industrial base of northeast China.

First, from a perspective of financing theory, this thesis makes a systematic carding of the western modern enterprises' financing principles as well as an objective evaluation; it bases on the "dual economy" characteristics inherent in the dual characteristics of credit rationing in our country, and puts forward a financing theory fitting in with the needs of Liaoning Province medium – sized and small enterprises.

Second, from domestic perspective, this thesis introduces the domestic typical successful medium – sized and small enterprises financing experiences. In the domestic aspects, it introduces Pearl River Delta's export – oriented and Wenzhou's inward – oriented development financing system for medium – sized and small enterprises. This will be useful and helpful to analyze the financing system for Liaoning Province medium – sized and small enterprises.

Third, the researcher did an investigation on the current situation of Liaoning Province medium – sized and small enterprises' financing conditions, having a further understanding on the huge influences of medium – sized and small enterprises in the economic development of Liaoning Province. On the basis of investigation, this thesis summarizes the financing status, and the main problem of Liaoning medium – sized and small enterprises.

Then, on the basis of the above, this thesis, from the perspective of institutional economy, analyses the causes of the financing problems ofLiaoning Province medium – sized and small enterprises. It concludes that the defects of property rights system, the lack of credit system, the restraint of imperfect information and the imperfection of government intervention are the main institutional restraints for Liaoning Province medium – sized and small enterprises.

Next, on the basis of researches and analysis on the currentfinancing situation, it makes three aspects analysis on financing structure, financing channels and financing efficiency.

Last, but not least according to the above, it raises the suggestions of how to construct the financing system for Liaoning Province medium – sized and small enterprises. The specific countermeasure is going to comply with the inside as well as the outside. To solve the financing difficulties problems, fundamentally, needing studies urgently in a deepgoing way on systems, establishing a financing system which can fit and accelerate the development of medium – sized and small enterprises. This financing system should be a relatively complete inner source financing and external source financing, and it is a synthetical system with policy financing , direct financing and indirect financing. It creates a steady financing environment and reliable financing guarantee mechanism for the development of medium – sized and small enterprises. While this system's establishment should depend on the combination in the following four aspects, improving medium – sized and small enterprises' financing abilities, optimizing medium – sized and small enterprises financing outside environment, perfecting medium – sized and small enterprises credit system, enlarging the government fosters dynamics.

Key Words: Medium – sized and small enterprises; Financing structure; Financing efficiency; System; Tactics

目　录

第一章
导　论

第一节　选题背景与意义

一、选题背景

中小企业对中国经济的贡献度超过了半壁江山，在国民经济中发挥着不可替代的作用。据统计，中小企业数量已占我国企业总数的98%以上，中小企业在创造新增的就业机会方面的比例高达80%，在全国工业企业总产值及其利润中占的比例分别达60%和40%。我国65%的发明专利和80%以上的新产品开发都来自于中小企业。由此可见，中小企业在我国国民经济中的"有益补充"地位和"拾遗补阙"作用，已提升到不可或缺的"组成部分"，上升到国民经济支柱力量的新高度，在吸纳就业、发展产业、优化城市服务功能、提高综合竞争力、完善社会主义市场经济体制、拉动经济增长、增加国家财政收入、促进产业结构调整和社会稳定发展方面，都发挥着举足轻重的作用。

改革开放以来，辽宁省取得的经济成就与中小企业的发展密不可分。中小企业对于保持辽宁省经济活力、提高效率、促进发展、提高辽宁省的整体竞争力有着非常重要的作用。截至2010年底，辽宁省民营企业（含个体工商户）合计178.15万户，从业人员达1 123.2万人，完成增加值6 966亿元。"十一五"期间，辽宁省民营经济增加值年均增长22%，占全省生产总值的比重为60.5%，出口交货值年均增长13.5%，上缴税金年均增长24.8%。民营中小企业已经成为辽宁省地方经济的主体力量、新增就业的主管道、城乡居民收入的主要途径和地方财政收入的主要来源，在加快辽宁省老工业基地振兴，推进社会主义新农村建设以及建设和谐社会进程中，发挥着越来越重要的促进作用。近年来，辽宁省为加强东北老工业基地建设，相继出台了相关的政策措施，把加快发展中小企业作为振兴辽宁省老工业基地的一项重要举措，全省各地机遇与竞争意识进一步增强，呈现出竞相发展民营经济的良好局面，这必将进一步促进中小企业的迅速发展。

随着中小企业在经济发展的重要地位逐步被认识，中小企业的融资问题也开始受到高度重视。在西方经济发达国家，由于具备完善的金融支持体系、活跃而发达的金融市场，丰富的金融资源，健全的法律法规，完善的融资制度，这一问题得到了有效的缓解。而在我国当前特殊的经济体制发展阶段，由于国家金融支持体系尚不健全、相关的法律法规不完善、金融市场运作不规范、城乡二元经济差距比较明显、中小企业自身发展先天不足等原因，使得融资难的问题显得格外突出，成为遏制我国大多数省份中小企业发展的瓶颈，从而也成为制约辽宁省中小企业在经济增长中发挥更大作用的根源之一。在加快辽宁省东北老工业基地振兴的关键时刻，中小企业如何才能焕发出勃勃生机呢？如何才能从根本上解决中小企业融资难的问题呢？这是摆在决策者及广大学者面前亟待解决的实际问题。本书正是基于这一实际背景出发，展开对辽宁省中小企业融资困境的研究，试图为辽宁省中小企业融资结构和融资渠道的完善、融资效率的提高提供一个可供借鉴的思路，从而真正促进辽宁省中小企业的发展与不断壮大，以达到更好地振兴东北老工业基地的目的。

二、选题意义

辽宁省中小企业融资难的内涵或本质则在于融资结构失衡，即内源融资和外源融资结构失衡和融资渠道不畅，特别是直接融资渠道受阻。尽管目前社会资金相对充裕，但无论是间接融资体系还是直接融资体系，都不能给中小企业提供足够的资金支持。尤其是中小企业和银行之间存在着严重的信息不对称现象，这曾一度成为研究的焦点。这一信息不对称状况主要表现为：中小企业对自身的信用状况、项目前景、违约概率等拥有"私人信息"，而银行对此则处于"无知"或"猜测"的状态。

随着中小企业规模的扩大和产业升级的需要，中小企业的发展受到资金短缺的困扰，融资困境往往会使中小企业贻误市场良机，融资难问题至今没有得到根本解决，成为阻碍中小企业健康发展和经济持续增长的主要制约因素。因此，对辽宁省中小企业融资困境的现状及深层原因展开研究，并充分借鉴国内外发达国家和地区在解决中小企业融资难这一问题上的先进经验和对策，结合辽宁省目前的经济特点及现状，尝试性地找出一些现实对策具有重要的现实意义。

从理论层面上看，现在学术界已经有大量关于中小企业融资问题研究的文献。本书基于已有研究成果的平台，希望能有所创新，将此领域的研究向前推进，并丰富和活跃此领域的理论研究。每一个现实问题的解决都离不开强大的理论后盾作支撑，因此，本书的研究具有重要的理论意义。

本书立足于辽宁省中小企业融资状况的现实处境，提倡选择适合辽宁省中小企业发展的融资渠道，采用多种融资方式解决中小企业融资难题，同时指出要解决融资难题，不仅需要中小企业自身的努力来完善融资的微观环境，而且，我国金融机构和政府应持积极态度，进一步完善中小企业融资的宏观环境。

第二节 研究内容和流程

一、研究内容

本书以第三章、第四章的实证研究为主干展开，首先，对辽宁省中小企业融资难的现状和成因进行了深入的分析；其次，通过借鉴国内先进的经营管理经验，逐步构建完善适合辽宁省实际的有益于中小企业健康发展的金融环境和制度体系的构想；最后，通过对辽宁省百强中小企业融资结构、融资渠道和融资效率的实证分析，从实践角度提出了解决辽宁省中小企业融资难问题的可行性对策。

本书定性研究工作包括：对辽宁省中小企业在国民经济中的重要作用和融资的迫切性作深刻阐述；对融资难的现状和成因进行深入分析；逐步构建适合辽宁省实际的有利于中小企业健康发展的金融环境和制度体系。

本书主要的实证研究工作是：通过选取辽宁省 2007 年度营业收入前 100 名的中小企业，首先对其进行描述统计分析，并检验了融资结构和融资渠道的影响因素；其次从理论上推断出最优融资结构的存在，为辽宁省中小企业未来进一步改善融资环境，提高融资能力提供可行方案。

二、研究流程

辽宁省中小企业融资困境及策略研究的流程具体见图 1-1。

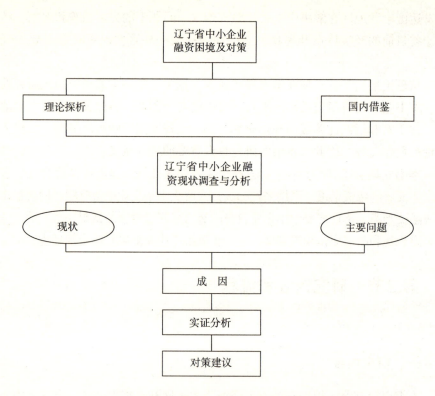

图 1 - 1   辽宁省中小企业融资困境及策略研究流程

第三节   本书的研究结构与方法

一、本书的研究结构

全书共分五章，第一章、第二章为文献综述与理论分析，第三章为研究设计，为第四章的资料分析做铺垫，第四章为资料实证分析，第五章是基于第四章实证分析的结论，提出了解决问题的对策。具体结构如下：

第一章，导论。介绍了选题的背景与意义、研究结构、研究方法和创新之处。

第二章，中小企业融资文献综述。首先对资本结构理论的发展沿革和融资困境的国内研究成果做了简要的回顾。目前在中小企业融资过程中，不论是银行贷款还是其他融资渠道，都存在着中小企业与金融机构之间的信息不对称现象。大量事实表明，信息不对称是目前我国中小企业融资困难的一个最重要的原因。其次对辽宁省中小企业融资现状和主要问题进行概述，对融资困境的成因进行分析。依据典型数据，论述了辽宁省中小企业融资困难的现状，这是本书研究的必要前提。从制度经济学的研究视角出发，对辽宁省中小企业融资困境的成因进行了系统的分析。相对于其他因素而言，制度的缺陷是从根本上制约辽宁省中小企业融资与中小企业发展的最主要障碍。

第三章，辽宁省中小企业融资研究设计。本章从样本企业——辽宁省百强中小企业的融资结构、融资渠道、融资效率的描述入手，首先介绍了研究架构和研究假设，其次进行了变量衡量和样本选取的设计，最后介绍了基于辽宁省百强中小企业资料分析的方法，即多元线性回归模型。

第四章，辽宁省百强中小企业融资的资料分析。建立数量模型并对实证结果进行分析。本书从财务因素的角度采用多元线性回归模型对选取的辽宁省百强中小企业融资结构的影响因素进行实证分析，结果表明，企业规模、投资机会和抗风险能力是影响辽宁省中小企业资本结构的最主要因素。通过建立企业盈利能力与融资结构的二次回归模型，旨在探寻是否存在使企业价值最大化的最优融资结构。在对融资渠道的分析中，本书将从银行获得贷款、采取商业信贷和私人民间非正规金融借贷这三种中小企业的主要融资渠道抽象为短期借款、应付款和其他应付款三个相应的代理变量，构建多元线性回归模型，一方面揭示银行发放贷款、金融机构提供商业信贷和私人民间提供非正规金融借贷时，会看重中小企业财务报表上的哪些因素；另一方面也考察中小企业作出融资渠道决策时，与其自身的哪些因素相关联。在对融资效率的实证分析中，以净资产收益率、总资产收益率和主营业务利润率作为因变量来衡量企业的融资效率，自变量则选用资产负债率来代替融资结构，建立两者的回归模型，通过融资效率的高低来衡量融资结构的合理性。从整体上度量中小企业的融资效率，为其改进融资环境提供可行依据和客观准则。

第五章，辽宁省中小企业融资策略讨论。这是本书的重点章节，通过第四章实证分析的结论，为我们提出辽宁省中小企业走出融资困境的对策提供了思路，具体对策要同时从内部、外部两方面着手。要从根本上解决辽宁省中小企业资金融通中的种种困难，迫切需要从制度体系上进行深入的研究，尽快建立一个能够适应并加速中小企业发展的融资体系。这一融资体系应当是一个相对完整的内源融资和外源融资的体系，而且是一个在外源融资方面政策性融资、直接融资和间接融资三者不可或缺的综合体系，为中小企业发展创造一个稳定的融资环境和可靠的融资保障机制。而该体系的建立必须依靠四方面力量的组合，即提高中小企业自身融资能力，优化中小企业融资的外部环境，完善中小企业信用体系，加大政府的政策扶植力度。

二、本书的研究方法

本书综合运用经济学与金融学基本原理来分析中小企业融资困境，重点侧重于实证分析，并在此基础上尝试性提出解决中小企业融资困境的对策。研究方法包括文献调研、数据采集、实证模拟、描述统计分析、多元线性回归等。

主要采用了四种研究方法：

一是宏观分析与微观分析相结合的研究方法。宏观分析方法主要是对问题进行了总体分析，微观分析方法是对问题的部分或个体对象进行分析。本书在分析辽宁省中小企业融资现状和融资困境成因时采用了宏观分析与微观分析相结合的研究方法。

二是实证分析与规范分析相结合的研究方法。规范分析与实证分析各有所长，在经济分析中应结合运用。实证分析只对经济变量之间的相互关系、经济运行的状况及其内在规律进行客观分析，即只对事实做客观描述，而不对行为结果做价值判断。就经济学的内容而言，实证分析是基本的分析方法，它可以更深入地研究经济运行的内在规律。规范分析是研究判断经济行为利弊的标准，并用这些标准去衡量、评价经济行为应该是什么状况，在经济研究中十分重要，因为实证分析无法完全回避价值判断。本书在分析辽宁省中小企业融资结构和融资渠道的问题时，大量采用了两者相结合的方法。

三是定性分析与定量分析相结合的研究方法。大量经济问题的论证说明都是建立在充分数据化的基础之上，在经济研究中定性分析与定量分析相结合是经济发展的必然要求。在假定统计资料基本正确的前提下，本书进行了一定数量的定量研究，从中得出了许多有益的结论。

四是比较分析与历史分析相结合的研究方法。通过比较分析来发现问题和分析问题是社会科学研究中最常见的研究方法。本书的研究广泛地采用了横向比较分析方法和历史分析方法。

三、本书的创新之处

一直以来，中小企业的融资困境以及解决对策，都是我国学者在此领域研究的热点问题。对于这一问题，学术界尚缺乏系统的理论分析和相应的细致的实证检验。颇多的文献仅停留在简单地描述我国中小企业融资困境的成因以及一些宏观政策的建议上，而且大部分都倾向于研究融资的整体效果，较少分类检验中小企业融资结构和融资效率问题；较少对影响中小企业融资结构的因素对融资结构的影响程度进行理论与实证性的系统研究；较少对影响融资渠道畅通的因素进行深层次的发掘。

本书的主要创新有：

1. 通过回顾国内已有的研究文献，文章总结了典型数据调查的结果，并在此基础上提炼出了辽宁省中小企业融资困境的典型特征，为以下篇章中切实可行的解决对策的提出奠定了理论基础。本书认为，对于辽宁省中小企业而言，内源性融资是其融资的主渠道，但整体自筹能力低，融资渠道狭窄单一，直接融资渠道和间接融资渠道受多种因素制约，融资结构性矛盾突出等。

2. 目前研究大都是借助于理论分析和调研手段归纳出财务因素对融资结构存在影响效应，本书不但借助计量手段证实了这种影响效应的存在，而且给出了具体的影响程度，这一研究结论有重要的意义。本书在进行财务因素的分析之前，对行业变量进行控制，将样本企业选定为制造业（占比85%），然后针对这个行业进行财务指标影响因素的实证检验，使结论更具说服力。

3. 通过对最优融资结构的验证，我们推断辽宁省中小企业存在最优融资结构（资本结构），它可以是一个确定的值，也可以存在于一个区间中，只要各个企业能够通过改善融资模式、拓宽融资渠道等方法将自身的资本结构归入该区间，就会存在使公司业绩达到最大化的机会，这样得出的研究结论将更加富有现实意义。

4. 本书将从银行获得贷款、采取商业信贷和私人民间非正规金融这三种我国中小企业的主要融资渠道抽象化为短期借款、应付款和其他应付款三个相应的代理变量，让难以量化的问题得到了形象化的解释，并通过稳健性检验，验证了应付款相对独立于短期借款，即只有在商业信贷不足的情况下，中小企业才会选择银行贷款。这从一个侧面反映了辽宁省中小企业确实面临着严重的信贷约束。这印证了前文的理论分析，并为对策的提出奠定了基础，使研究浑然一体，前后呼应。

第二章
中小企业融资文献综述

无论发达国家还是发展中国家，中小企业都是经济发展和社会稳定的重要支柱。中小企业对中国经济的贡献度也超过了半壁江山，在国民经济中发挥着不可替代的作用。而中小企业融资难又是一个世界性的普遍问题，因此，国内外学术界对这一问题十分关注。

第一节　资本结构的基本理论

一、早期资本结构理论

美国学者 David Durand（1952）[①] 把早期的资本结构理论分为净收入理论、净经营收入理论和传统理论。

净收入理论认为，由于负债融资可以降低企业的加权平均资本成本，因此，企业的最优资本结构是100%的负债。

净经营收入理论认为，不论财务杠杆如何，加权平均资本成本都是固定的。增加成本较低的负债资本同时会增加企业的风险，这会使权益资本的成本提高，一升一降，加权平均资本成仍保持不变。因此，企业不存在最优资本结构。

传统理论综合了净收入理论和净经营收入理论两个极端理论的观点。该理

---

① Durand, David. Cost of Debt and Equity Funds for Business: Trends and Problems of Measurement, Conference on Research in Business Finance [J]. National Bureau of Economic Research, NewYork, 1952, 215 - 2478.

论认为，随着负债比率的上升，公司财务风险会跟着增加，因此权益资金成本与负债资金成本都会逐渐增加，由于在不同的负债比率下，其增加速率会各自不同，因而形成先升后降的"U"形加权平均资本成本；在某一程度内的负债对债权人而言是安全的，所以会维持固定的必要报酬率。但对股东而言，由于负债比率的增加，企业运作的风险加大，会使得股东要求的报酬率也随之提高。因此，企业确实存在一个可以使市场价值达到最大的最优资本结构，这种资本结构可以通过财务杠杆的运用来获得。

传统资本结构理论主要通过负债对资本成本的影响来决定最优资本结构，但它忽略了许多影响企业资本结构的其他因素，对实际资本结构决策指导作用不大。

二、现代资本结构理论

（一）MM 定理

1958 年，Modigliani 和 Miller 在《美国经济评论》上发表的题为《资本成本，公司理财和投资理论》的经典论文中，提出了"MM 定理"。MM 定理（无税）从严格意义上讲可以分为三项定理，其中最关键的是定理Ⅰ，它是整个 MM 定理的中心，集中体现了 MM 定理的精髓。定理Ⅰ可以表述为：任何企业的市场价值与其资本结构无关，而是取决于按照与其风险程度相适应的预期收益率进行资本化的预期收益水平。

这一定理的核心思想在于：由于企业为实现财务管理目标的努力和投资者实现目标利益的努力相互制约，使企业实现价值最大化的努力最终被投资者追求投资收益最大化的对策所抵消，所以任何企业的市场价值将独立于它的资本结构。

MM 定理在资本结构理论史上具有里程碑的意义，它开创性地把资本结构研究从应用性、描述性的传统财务学领域纳入一般均衡分析的理论框架，力图通过企业资本结构的表面现象，探寻企业资本结构的规律，从而找出企业价值与资本结构之间的内在联系。MM 定理标志着现代资本结构的诞生，其后资本结构理论的发展几乎就是一个对 MM 定理假设条件不断放宽的过程。

（二）修正 MM 定理与米勒模型

Modigliani 和 Miller（1963）[①] 意识到税收对资本结构的影响，放宽了无税

---

① Modigliani, F. and Miller, M. H. . Corpporate Income Taxes and the Cost of Capital: A Correction [J]. American Economic Review, 1963, Vol. 53, 433 – 434.

收的假设，将公司税引入了 MM 定理。MM 定理（有税）认为：将公司所得税纳入考虑之后，由于负债利息可以抵税，税盾收益的存在会使公司的价值随着"负债/权益比率"的提高而增加，加权平均资本成本则会随着"负债/权益比率"的提高而降低；根据资本结构无关论的说法，公司会使资金成本达到最小，那么公司的最优资本结构应为 100% 负债。

Miller（1977）[①] 对 MM 定理（有税）进行了进一步的修正，他探讨了公司所得税和个人所得税同时存在对公司的影响。他认为通过套利过程，负债利息的税盾收益会被个人所得税抵消。因此。在均衡条件下，资本结构不影响公司价值。

（三）权衡理论

权衡理论认为，企业负债税盾作用显著，即在通常情况下，企业债务的利息支出作为企业的管理费用计入成本而无须纳税，而且企业负债具有财务杠杆作用，如果息税前利润率高于利息率，负债经营就可以增加税后利润，从而使股东收益增加。但是，企业也不是负债率越高越好，因为随着负债率增加，企业面临破产风险会加大，所以，企业对债务资本与权益资本的权衡，实质上是对利息免税收益和破产风险这二者关系的权衡。最优资本结构处于负债的预期边际税收利益等于预期边际成本之处。权衡理论的研究成果可以用图 2 - 1 简要地加以说明。企业可以通过对资本结构进行管理，建立企业的最佳资本结构，使股东利益最大化。

图 2 - 1 中，V_t 表示只有负债税额庇护而没有破产成本的企业价值；V_u 表示无负债时的企业价值；F_A 表示破产成本；D_1 表示破产成本变得重要时的负债水平；D_2 表示最佳资本结构。

负债可以为企业带来税额庇护利益，最初的 MM 定理假设在现实中不存在，事实是各种负债成本随负债比率的增大而上升，当负债比率达到某一程度时，息前税前盈余会下降，同时企业负担破产成本的概率会增加。在负债比率达到 D_1 之前，破产成本可以忽略不计，负债的税收利益起决定性的作用；当负债比率超过 D_1 点时，破产成本随负债水平的提高而增加，负债的税收利益被部分抵消。当负债的比率达到 D_2 点时，边际负债的税收利益恰好与边际破产成本相等，企业价值最大，达到最优资本结构；负债比率超过 D_2 点后，破产成本的增加将大于负债的税收利益，企业价值将随负债水平的提高而下降。

---

① Miller, M. H.. Debt and Taxes, Journal of Finance [J]. 1997, Vol. 32, 261 - 275.

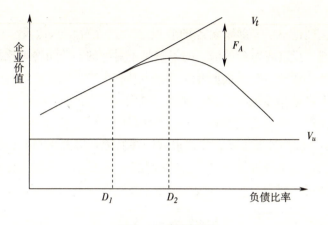

图 2 - 1　权衡理论

三、新资本结构理论

（一）代理理论

最近 10 多年来，研究者们把很重要的一部分精力放在由代理成本决定的资本结构上。这方面的研究是 Jensen 和 Meckling[①]（1976）在 Fama 和 Miller（1972）的基础上开始的。他们认为，在经营者不是企业的完全所有者（存在外部股权）的情况下，经营者的工作努力使他承担了全部成本却仅获得部分的收益。同样，当他在职消费时，他得到了全部的收益却只承担了部分的成本。结果导致经营者不努力工作却热衷于在职消费，这种行为的后果是企业的价值小于管理者为企业完全所有者时的价值，这个差额就是外部股权的代理成本。在投资总量和个人财产给定的情况下，增加债务的融资比例将会使经营者的股权比例上升，从而降低外部股权的代理成本。但是，债务融资将导致另一种代理成本，经营者作为剩余索取者有更大的积极性从事高风险项目，因为他能够获得成功的收益，并借助有限责任制度把失败的损失推给债权人，经营者的这种投资行为带来的企业价值的损失被称为债权的代理成本。

因此，存在着股权代理成本和债权代理成本的平衡，最优的资本结构可以通过最小化总代理成本得到，这时股权的边际代理成本等于债务的边际代理成本。

（二）信号传递理论

信号传递理论认为，MM 定理的假设之一是充分信息假设，但是在现实中，公司经理与投资者对公司信息的了解是不对称的，公司经理比投资者更了解公司内部经营活动，在于投资者的博弈中具有优势。如果市场高估企业证券价值，经理人将从中受益；反之，如果企业破产，经理人员将受到相应的惩罚。因此，投资者将高负债看做是企业高质量的信号。基于这样一个非对称信息环境，Ross[①] 认为外部投资者往往根据经理的融资决策来判断公司的经营状况，把较高的负债率看做是公司高质量的表现。这种信号的存在促使企业尽可能少用股权融资，因为企业发行股票会被市场误解为前景不佳。

（三）优序融资理论

Myers 和 Mujluf[②]（1984）首先正式将信息不对称的方法引入资本结构的研究中，他们认为，公司在融资时会以内部融资为最佳选择，如果必要使用外部融资时，则无风险或低风险的负债融资优于权益融资。Myers 和 Mujluf 认为融资过程中存在这样的先后顺序，并不仅仅是出于资金成本因素的考虑，而是考虑到公司内部管理者和外部资金提供者之间存在有不对称信息的情况。当公司需要通过筹措资金来进行一项新的投资计划时，如果公司采用外部权益来融资，则隐含着该公司股票有被高估的信息，换句话说，外部投资者往往认为发行新股的原因是资金短缺，因此会低估该公司的股票，造成该公司股票价格的下跌。另外，进行外部权益融资所需的成本也较其他方式大。所以，公司一般的融资顺序是：内部融资大于无风险或低风险举债融资，大于股票融资。优序融资理论解释了为什么获利性高的公司其财务杠杆较低，主要是由于有足够的能力由内部产生资金流，而无须向外融资，所以负债率较低；而获利性较低的公司无法由内部产生足够的资金来应付投资支出而需向外部融资，而且根据优序融资理论，公司向外融资以负债为主，因此获利性较低的公司其负债率较高。国内学者郭斌、刘曼路（2002）[③] 的研究发现，在我国温州地区，中小企业规模与资金来源的关系验证了"优序融资理论"的观点。

（四）公司控制权理论

公司控制权理论认为企业融资结构在决定企业收入流分配的同时，也决定

①　Ross. The Determination of Financial Structure: The Incentive Signaling Approach ［J］. Bell Journal of Economics, 1977, Vol. 8, 23 – 40.

②　Myers, S. C. and Mujluf, N. S.. Corporate Financing and Investment Decision When Firms have Information that Investor Do Not Have ［J］. Journal of Financial Economics, 1984, Vol. 13, 187 – 221.

③　郭斌, 刘曼路. 民间金融与中小企业发展：对温州的实证分析 ［J］. 经济研究, 2002（10）.

了企业控制权的分配。债务融资在公司治理中发挥着重要作用，有利于控制权实现和控制权相机转移。Aghion 和 Bolton（1992）① 将不完全契约理论引入融资结构的分析框架，对债务契约和资本结构关系进行了研究，结论为：在多次博弈过程中，当出现不容易得到的收益信息时，将控制权转移给债权人是最优的。这样资本结构的选择问题就是控制权在不同证券持有者之间如何进行分配的问题。最优的负债比率是在该负债水平上导致企业破产时，控制权将从股东转移给债权人，此时企业控制权随融资结构的变化所实现的"相机治理"最有效。

（五）金融成长周期理论

上述关于融资结构的理论都以 MM 定理为主线，可称之为主流资本结构理论。然而，主流资本结构理论有着明显的缺陷：没有考虑企业不同发展阶段及与之对应的融资特点，没有动态地考察企业融资方式选择对企业以后资本结构安排的影响。企业金融成长周期理论部分地弥补了这些缺陷。企业的形成和发展同其他经济组织一样具有生命体的部分形态，即企业的发展具有阶段性。对于企业生命周期的认识源于 Vernon R. 的产品生命周期理论，Berger 等将企业生命周期与融资结合，发展形成了金融成长周期理论，该理论认为：伴随着企业成长周期而发生的信息约束条件、企业规模和资金需求变化是影响企业融资结构变化的基本因素。其基本的变化规律是，越是处于早期成长阶段的企业，外部融资的约束越紧，渠道也越窄；反之则相反。因此，企业要顺利发展，就需要有一个多样化的金融体系来对应其不同成长阶段的融资需求。尤其在企业的早期成长阶段，风险资本是企业融资的主要方式，私人资本市场对于企业的外部融资发挥着重要作用。因为相对于公开市场上的标准化合约，私人市场上的合约具有较大灵活性和关系性，从而具备更强的解决非对称信息问题的机制，能降低融资壁垒，较好满足那些具有高成长潜力的中小企业的融资需求。金融成长周期的基本规律适用于我国中小企业的融资结构变化，其模型能从长期和动态的角度较好地解释了中小企业融资结构的变化规律，对我国中小企业融资具有一定的启示作用。

这些资本结构理论科学分析了负债对资本成本和企业价值的影响，明确提出企业只有适度负债才会使其资本成本最低，市场价值最大。并从理论上证明了企业确实存在最优资本结构（最优融资结构），为企业最佳融资结构决策及

---

① Aghion, P.. Incomplete Contracts Approach to Financial Contracting [J]. Review of Economics Studies, 1992, Vol. 59, 473 – 494.

融资结构优化提供了强有力的理论依据。我们认为，由于中小企业规模小、治理结构简单、缺乏信用评级、信息不对称比大企业更为突出，因此在以上主流融资结构理论中，代理成本理论、信号理论、金融成长周期理论和融资顺序理论对于解释中小企业的融资行为更具说服力。

（六）关系型融资理论

关系型融资（Relationship Finance）是 20 世纪 90 年代才引起经济学家关注的前沿问题，该理论认为银行在与企业长期交往过程中可以了解到许多内部信息，克服信息不对称，这构成关系银行相对于其他贷款人的比较优势。Berger 等人（Allen N. Berger and Gregory F. Udell，1998）[1] 在分析银行组织结构与融资功能时指出，由于大银行的组织机构庞大，专业人才多，网络分布广，因此在收集和处理公开信息以及运用标准化的贷款合约向信息透明度高的大中型企业发放贷款上拥有优势；而小银行虽然在收集和处理公开信息上居于劣势，但由于其地域性和小区性特征，它们可以通过长期与中小企业保持密切的近距离接触来获得各种非公开的关联信息（软信息），因而在向信息不透明的中小企业发放关系型贷款上拥有优势。对于大银行在从事关系型借贷中处于劣势的原因，Berger 等人（Berger，Klapper，Udell，2001；Berger，Udell，2002）的解释是：与客观的、易于传递和统计处理的硬信息相比，关系型借贷所需要的软信息多数是关于特定对象的专有信息，这些软信息由于具有模糊性和人格化特征，难以用书面报表形式进行统计归纳，因此很难在组织结构复杂的大银行内部传递。由于软信息的传递成本过高，关系型贷款的决策权必须下放给掌握着这些软信息的基层经理和信贷员，但这样一来又会在银行内部产生一个代理问题。与结构简单的小银行相比，科层结构复杂的大银行由于代理链条长，解决代理问题的成本就会更高。

一般认为，关系型融资最适宜的环境是资本市场流动性差、法律制度缺乏对投资者的保护、中小企业在经济中占据重要地位、政府实施金融约束政策等。Rin（1995）认为一个国家的资本市场分割越严重，该国就越容易形成关系型融资制度，反之容易形成距离型融资制度。La Porta 等（1995）分析了法律制度与金融制度的关系，发现英美普通法系国家法律对投资者保护比较充分，因而资本市场比较发达，而这些国家恰恰以保持距离型融资为主；法国法系国家法律对投资者的保护比较薄弱，因而银行在公司治理中发挥着重要作

---

[1] Allen N. Berger, Gregory F. Udell. Small Business Credit Availability and Relationship Lending: The Importance of Bank Organizational Structure [J]. Economic Journal, 2002, Vol 112.

用，而这些国家恰好是关系型融资处于重要地位。关系型融资对于解决中小企业融资难问题发挥着重要作用，因而如果一个国家中小企业在经济中占据重要地位，关系型融资就易发挥作用。金融约束政策通过限制银行业竞争为银行业创造了长期租金机会（Stiglitz et al.，1998），使得银行行为长期化，银行会更加注意与企业保持长期关系，减少敲竹杠行为。① 在一个国家金融发展进程中，资本市场会逐步得到发展，法律制度也会逐步完善，而金融约束也会逐步被金融自由化取代，这样，适宜关系型融资的环境就会随着金融发展而发生变化，因而关系型融资会表现出显著的阶段性。青木昌彦（2001）② 认为，在一个国家经济发展初期或转型阶段，金融市场无法充分的以公开信息的形式提供融资项目的足够信息，这时，关系型融资通过与企业保持长期关系获得企业专有信息就具有重要意义。中国恰恰处于这样的时期，因而关系型融资应该可以在中国发挥重要作用，特别是在中小企业融资和创业资本风险投资中更是不可或缺。

基于上述理论，中国的很多学者纷纷从关系型融资理论出发，从不同角度证明了关系型融资理论对中国的适用性，并提出发展中小金融机构是发挥关系型融资优势，解决中小企业融资瓶颈的重要对策。

李扬和杨思群（2001）③ 认为，由于企业的规模与其信息可得性正相关，所以企业越小，关于企业的信息就越不易获得。特别地，由于中小企业大多带有经营者个人特征，对其评价多为"软信息"，使得中小企业与银行之间难以形成顺畅的信息传递，如果某些银行有了解中小企业信息的优势，这些银行就能更多地向中小企业贷款。在现实中地方中小银行就有这种优势，所以发展地方性中小银行可缓解中小企业贷款难问题。

同时，林毅夫和李永军（2001）④ 进一步分析了地方中小银行对中小企业贷款具有比较信息优势的原因，认为这一优势在"长期互动理论"和"共同监督理论"中得到了较好的解释。具体而言，与大银行相比，小银行向中小企业提供融资服务的优势就来自于双方所建立的长期稳定的合作关系。而在合作性中小金融机构中，为了大家的共同利益，中小企业之间会形成自我监督，而这往往比金融机构的监督更加有效。

① 刘新华，线文. 我国中小企业融资理论述评 ［J］. 经济学家，2005（2）.
② 青木昌彦. 比较制度分析 ［M］. 上海：上海远东出版社. 2001.
③ 李扬，杨思群. 中小企业融资与银行 ［M］. 上海：上海财经大学出版社. 2001.
④ 林毅夫，李永军. 中小金融机构发展与中小企业融资 ［J］. 经济研究，2001（1）.

对于银行与中小企业的上述合作关系，张捷（2002）[①] 认为这就是 Berger 等人提出的"关系型借贷"，即相比大银行而言，小银行虽然在收集和处理公开信息上处于劣势，但其地域性特征使它们可以通过长期与中小企业保持密切的近距离接触获得各种"软信息"，因而在向中小企业贷款方面拥有优势。不过，张捷的研究并未停留于此，他从企业组织理论的视角将 Berger 等人的关系型借贷上升为解释力更强的理论模型。基于产业组织理论中决策权与可利用信息匹配带来收益的论断，张捷发现银行内部的决策权配置问题是银行如何在决策耗费的信息成本与分散决策所产生的代理成本之间进行权衡以寻找最优决策点的问题。由于关系型贷款在很大程度上依赖于基层经理和信贷员对企业的专有知识与贷款决策权的匹配，因此与大银行决策权配置倾向于集权相比，小银行贷款决策分权化有利于获取软信息，所以小银行针对中小企业信息特点的关系型借贷就有比较优势。从张捷的研究中我们可以发现，决策权的分散化才能真正满足中小企业的融资需求，这就可以合理地解释尽管我国新兴的全国性股份制银行属于中小金融机构，但跨地域的经营格局以及实行总分行多层管理的集权制度并不能像人们期待的那样使其成为向中小企业提供融资的生力军。另外，还需要说明的是，关系型借贷所普遍存在的"软信息"在一定程度上就是青木昌彦所谓的"意会知识"（青木昌彦，2001），如何在实践中把握这种难以符号化的意会知识，无疑对中小金融机构的人力资源提出了更高的要求，这一点在国内尚未引起足够的重视。

不难看出，上述研究一致认为中小金融机构在中小企业融资中具有比较优势。而这一结论在形式化的数模分析中得到进一步证实。李志斌（2002）[②] 基于小银行比大银行向中小企业贷款更具信息优势等假设，在银行业垄断的模型中引入中小金融机构后发现，中小企业可获信贷和社会整体福利都得到增加。另外，梁立俊（2003）[③] 基于规模优势建立的模型发现，大银行和小银行存在最优贷款数额的差异，各自所面对的是相对分割的贷款供给市场，即大银行的贷款优势在大额贷款市场，小银行的贷款优势在小额贷款市场。同时，从现实情况来看，在浙江温州、台州中小金融机构与民营经济之间就形成了关系型融资，并发挥着重要作用（史晋川等，2003）[④]。但是，由于我国风险投资仍处

① 张捷. 中小企业的关系型借贷与银行组织结构 [J]. 经济研究，2002（6）.

② 李志斌. 银行结构与中小企业融资 [J]. 经济研究，2003（6）.

③ 梁立俊. 银行的规模优势和市场分割性 [J]. 财经科学，2003（4）.

④ 史晋川，黄燕君，何嗣江，严谷军. 中小金融机构与中小企业发展研究——以浙江温州、台州地区为例 [M]. 杭州：浙江大学出版社，2003.

于初级阶段，风险投资基金主要是政府主导型，政府是否有动力进行关系型投资值得怀疑；由于被投资企业往往产权不清，风险投资基金难以有效地明晰其对企业的监督和干预权力；此外，由于风险资本缺乏通畅的退出机制，容易出现短期行为。这些问题导致关系型融资在我国风险投资中没有发挥出应有作用（兰莹，2002）[①]。

（七）信贷配给理论

信贷配给是因信息不对称所导致中小企业面临融资困境的又一重要问题。该理论可以追溯到 20 世纪 50 年代的可贷基金学说。这一学说的代表人物主张货币政策的作用可以通过信贷基金的可得性而不是运用利率得以实现。这一早期文献大体上仅限于从金融制度上做描述性的讨论。在 60 年代，一些经济学家开始解释不依赖于制度和法律约束的信贷配给，到了 70 年代末和 80 年代，均衡信贷配给文献开始着重讨论由于信息不对称而产生的信贷配给，其中，Stiglitz 和 Weiss 于 1981[②] 年发表的文章《不完全信息市场中的信贷配给》影响最大。在该文中，Stiglitz 和 Weiss 将信息不对称理论应用到信贷市场上，建立了著名的信贷配给微观经济模型，从而解释了自由信贷市场上市场贷款利率总是低于供需平衡的利率，结果造成许多愿意支付市场利率的人得不到贷款的现象。以往对于信贷市场配给这一事实，人们只能笼统地认为属于市场失灵现象，但既不知其成因，也难以作出适当的反应。Stiglitz 和 Weiss 将信息不对称引入信贷市场模型，认为由于借款人有风险高低之分，但掌握这一信息的只有借款人自己，提供贷款的人并不知道。这种情况下，一种可能结果是，利率提高时，低风险借款人不愿意继续申请贷款，而高风险的人却依旧积极借贷。这是因为借款人与贷款人的利益并不一致，如果贷款人无法对借款人进行充分监督，这就等于鼓励借款人从事高风险的投资——这里存在着道德风险，因为即使项目失败，也不需要借款人承担全部损失；而一旦获得成功，就可以从中牟取较高的利益。利率的高低变化对不同风险类别借款人的影响不同，说明利率在信息不对称时起到了筛选的作用。然而，筛选的结果显然有悖于贷款人提高利率的初衷。利率提高为银行带来的好处可能还弥补不了风险上升给银行带来的损失；降低利率，使需求大于供给，有可能提高贷款提供者的利润，因为借

① 兰莹．再论"金融约束论"［J］．经济科学，2002（1）．

② Stiglitz, J., Weiss, A.. Credit Rationing in the Market with Imperfect Information ［J］. American Economic Review, 1981, 73（3）：393 – 409.

款人群中低风险类型的比例相应上升，从而缓解了贷款人面对的逆向选择。[①]

王霄等（2003）[②] 基于对传统信贷配给理论模型的考察，将抵押品和企业规模纳入到信贷配给的内生决策变量中。他们发现，在信贷配给中被排除的主要是资产规模小于或等于银行所要求的临界抵押品价值量的中小企业。值得注意的是，以往的研究未能将企业规模内生于信贷配给中，而王霄等的研究则有力地解释了信贷配给中存在的规模配给。另外，他们认为，抵押型信贷配给与转型经济金融欠稳定、利率受管制关系密切，同时放松中小银行市场准入有助于增加信贷配给总量并降低抵押品及贷款额度门槛。

上述的中小企业融资理论，构成了国内外对中小企业融资问题的主流分析框架，但是，从其理论的研究背景来看，主要还是以发达国家中小企业的融资作为研究背景，尽管关系型融资理论和信贷配给理论对中国的中小企业融资具有一定的适用性，这一点，从对国内学者既有研究成果的文献梳理中可以看到，但是，笔者认为，上述理论并不能从根本上解决中国中小企业的融资难问题，同一理论对于不同的经济和制度背景下的经济行为的作用效果可能是截然不同的，因此，制度是不能够在没有初始条件的限定下被简单平移的。基于这个意义，笔者试图在下文的分析中，结合中国作为发展中国家所具有的特殊的"二元经济特征"这一背景出发，对上述中小企业融资理论提出进一步的修正，试图为下文对辽宁省中小企业融资问题的分析搭建一个理论平台和分析框架。

第二节　国内中小企业融资问题研究成果评述

我国是中小企业众多的国家。改革开放以来，中小企业取得了长足的发展，为国民经济的健康快速发展作出了巨大贡献。近年来，有关中小企业融资问题的研究成果很多。许多专家、学者从不同角度对我国中小企业融资难的原因和解决途径进行了深入的探讨和研究。

---

① Stiglitz, J., Weiss. Credit Rationing in Markets with Imperfection Information [J]. American Economics Review, 1981, Vol 70.

② 王霄，张捷. 银行信贷配给与中小企业贷款——一个内生化抵押品和企业规模的理论模型 [J]. 经济研究, 2003 (7).

一、中小企业融资的基本理论

在中小企业融资方面，陈晓红、郭声琨主编的《中小企业融资》（2000）[①]是国内最早研究中小企业融资问题的专著之一。《中小企业融资》一书对国内外中小企业融资做了系统的比较，从直接融资和间接融资两个方面论及了不少中小企业可借鉴采用的融资方式。《中小企业融资》一书提出了及早建立国内中小企业信用担保体系的建议，并且在实务操作层面上介绍了商品贸易融资这一融资创新手段。李玉潭在其《日美欧中小企业理论与政策》（1992 年)[②] 一书中以日本、美国、英国、法国等西方发达国家为对象，对中小企业的存在和发展进行了系统的理论性研究，并且对西方发达国家的中小企业政策进行了阐述，为我国中小企业的发展提供了重要参考。林汉川在其《中小企业存在与发展》（2001 年)[③] 一书中围绕着中小企业存在理论与评价、中小企业的群落理论、中小企业产业与区域定位、中小企业的技术创新战略和中小企业的政府支持体系等问题展开了论述，对我国中小企业的发展具有一定的理论指导意义。

国内学者对我国中小企业的发展现状也进行了系统的研究。曹风岐在《建立和健全中小企业信用担保体系》（2001）[④] 中认为，建立健全中小企业信用担保体系应充分发挥政府在担保体系建立过程中的作用，建立担保机构风险补偿机制，并完善中小企业资信评级制度。林毅夫（2004）从信息不对称的角度对我国中小企业融资难问题进行了探讨。易纲（2000)[⑤] 认为信贷市场的一个显著特征就是银行天生喜欢大客户。李扬和杨思群（2001)[⑥] 在考察中小企业金融的外部环境时，分析得出我国中小企业的金融抑制除了来自金融交易中普遍存在的信息不对称等因素外，还受到转轨经济特有的制度障碍和结构缺陷的影响。张捷、王霄（2002)[⑦] 研究分析指出，金融成长周期的基本规律适用于我国中小企业的金融结构变化，构成我国中小企业融资壁垒的主要因素是市场经济中普遍存在的规模歧视，而非转轨经济中特有的所有制歧视。

---

① 陈晓红，郭声琨. 中小企业融资［M］. 北京：经济科学出版社. 2000，40 - 43.
② 李玉潭. 日美欧中小企业理论与政策［M］. 长春：吉林大学出版社. 2002.
③ 林汉川，中小企业存在与发展［M］. 上海：上海财经大学出版社，2001.
④ 曹风岐，建立和健全中小企业信用担保体系［J］. 金融研究，2001（5）.
⑤ 易纲. 论存货与经济波动——理论回顾与对中国情况的初步分析［J］. 财贸经济，2000（6）.
⑥ 李扬. 中小企业融资与银行［M］. 杨思群. 上海：上海财经大学出版社，2001，277 - 303.
⑦ 张捷，王霄. 中小企业金融成长周期与融资结构变化［J］. 世界经济，2002（9）.

二、中小企业的实践问题

国内学者对中小企业的实践问题，尤其是中小企业技术创新和融资问题进行了较为广泛的研究。刘东、杜占元在其《中小企业与技术创新》（1998）一书中系统地阐述了中小企业技术创新的基本状况、理论基础以及各国政府采取的扶植中小企业技术创新的政策措施，并对我国如何扶持中小企业的技术创新提出了若干政策建议。万兴亚在其《中小企业技术创新与政府政策》（2001）一书中重点对中小企业技术创新政策体系的概念界定、框架和设计原则等问题进行了探讨，对技术创新政策体系和中小企业技术创新政策现状等进行了分析，并借鉴其他国家中小企业技术创新实践经验，提出从纵向和横向两个方面构建具有中国特色的中小企业技术创新政策体系和促进体系。张捷在其《结构转换期的中小企业金融研究》（2003）一书中重点对中小企业金融特征和金融约束进行了阐述，对金融体制的结构变迁及其对中小企业金融产生的影响作出了历史考察和国际比较，并且对我国经济及金融体制转轨进程中的中小企业金融问题进行了理论探讨和实证分析，提出构筑复合共生型的多元金融体系是解决中小企业金融问题的根本出路。林毅夫、李永军在其《中小金融机构发展与中小企业融资》（2001）① 一文中指出，不同的金融机构给不同规模的企业提供金融服务的成本和效率是不一样的，大力发展和完善中小金融机构是解决我国中小企业融资难问题的根本出路。国内学者对我国中小企业的发展现状也进行了系统的研究。林汉川主编的《中国中小企业发展机制研究》（2003）一书对中国中小企业的现状，包括中小企业的制度创新、结构调整、成长战略、管理创新、技术创新、政策支持体系等问题进行了深入研究，并对中国高新技术中小企业发展、乡镇企业发展与就业、加入世贸组织与中小企业发展等问题进行了专题探讨。

三、中小企业融资过程中的信息不对称现象

目前在中小企业融资过程中，不论是银行贷款还是其他融资渠道，都存在着中小企业与金融机构之间的信息不对称现象。大量事实表明，信息不对称是目前我国中小企业融资困难的一个最重要的原因。这个问题可以概括为：中小企业经营者有关自身能力、素质和意识、企业管理水平、企业机构效率、项目的真实盈利能力等真实信息都将会影响企业未来的收益，但金融机构并不完全

---

① 林毅夫，李永军. 中小金融机构发展与中小企业融资［J］. 经济研究，2001（1）.

了解这些信息，这就构成了中小企业融资中的信息不对称现象。

根据目前我国中小企业融资中的信息不对称现象，国内学者进行了相关投融资模型的研究。在信息不对称的情况下，为了使融资能够顺利进行，中小企业会主动提出自己的相关信息，发出有关企业经营状况、财务政策、投资政策及企业整体素质、企业经营者素质等信息，这就构成了中小企业与金融机构之间的信号传递博弈。

张维迎（1997）① 指出：在资本市场上，投融资双方的非对称信息包括三个方面：一是关于投资项目质量的非对称性，企业家了解项目的潜在回报能力而投资者不了解；二是选择行为的非对称性，如果亏损则是投资者单方面的损失，如果盈利则是双方共享的收益，因此企业家有歪曲信息的动机；三是关于企业家本身的经营能力的非对称性，投资方无法确切了解企业家是否具备成功管理企业、充分利用投资的能力。在这三类非对称信息中，第一、第三种会造成逆向选择，第二种会导致道德风险。郝丽萍、谭庆美（2002）② 结合不完全信息动态博弈模型及信息经济学的有关理论，建立了一个能显示出中小企业真实质量的综合信号模型，从定量角度来研究我国中小企业融资困难的解决方案。范飞龙（2002）③ 认为，信息不对称会引发中小企业融资过程的逆向选择和道德风险，归根到底是由于企业信用能力不足，主要表现为中小企业规模偏小、实力弱、运营风险大、赖账行为严重，而这些都导致投资者不敢轻易涉足。通过构建一个信用信号传递模型表明：企业通过信用建设，向投资者传递良好的信用能力是中小企业解决融资困难的关键。凌智勇、梁志峰（2003）④ 采用资金利润率作为评价中小企业融资绩效的指标建立模型，分析中小企业融资制度变迁的绩效，得出了融资制度变革对中小企业的利润率和投资均有正的显著影响的结论。以上研究者在研究过程中建立的投融资博弈模型基本分为以下几步：（1）基本假设的确立；（2）阐述博弈过程；（3）精练贝叶斯均衡分析。信号传递博弈有三种类型的均衡：分离均衡、混同均衡和准分离均衡。史

---

① 张维迎．詹姆斯·莫里斯论文精选：非对称信息下的激励理论［M］．北京：商务印书馆，1997，256 – 257.

② 郝丽萍，谭庆美．不对称信息下中小企业融资模型研究［J］．数量经济技术经济研究，2002（5）．

③ 范飞龙．非对称信息下中小企业融资信用信号传递模型研究［J］．重庆大学学报（社会科学版），2002（6）．

④ 凌智勇，梁志峰．中小企业融资制度变迁绩效实证分析研究［J］．企业经济，2003（6）．

本山、郭彩虹（2004）① 认为，中小企业与投资者之间的投融资过程可以看做是一种具有信息传递机制的不完全信息动态博弈，即信号博弈；并尝试建立中小企业投融资的信号博弈模型，对中小企业融资问题进行分析，找出中小企业融资困难的主要原因；提倡建立信息机制来克服信息不对称现象，而信息机制的建立，需要政府有关部门、金融机构、投资者、中小企业多方共同努力，是一项艰巨而长期的任务。

四、融投资优化决策模型

脱离中小企业范畴，针对企业融投资优化决策模型，国内学者也进行了较深入的研究。陈收、周奕（1999）对投资与融资优化模型及研究思路进行了分析，并对各类模型的改进和拓宽做了进一步讨论：融资与投资是现代企业中不可分割的两个方面，投资者在投资决策时必须充分考虑企业融资能力（即盈利能力、资本结构、风险），而企业融资必须以投资者的需要为依据，通过优化资本结构，提高企业盈利能力来吸引投资者进入。为了使企业收益最大、风险最小，投资与融资优化决策成为广泛关注的课题。近期对投资与融资决策的研究较多，主要从投资与融资的风险决策、规模决策和指标决策三个方面进行：一是风险决策的套利模型，首先证明了套利行为是由投、融资相互作用决定的，进而构造了最优套利模型；风险调整模型（RAP 模型），基于 Markowitz 的投资组合有效边界理论。Sharp（1966）提出了无风险资产与风险资产组合模型，它通过人们对风险的偏好程度来确定无风险资产的杠杆效应，即把投资与负债融资通过"风险"结合起来。Jensen（1968）与 Treynor（1966）也对此进行了一定的研究，但由于风险偏好的不确定性，给投资与融资的确定带来了困难。二是规模决策模型：投资与融资规模通常指一定时期企业投资与融资总额，投资与融资规模要互为依据，同时两者时机也要互相对应，具有确定性。三是指标决策模型：指标决策模型主要有融资评价模型、策略选择分析模型两种。（1）融资评价模型（FAP），在融资与投资决策中有很多技术指标，Lefley 和 Morgan 提出的 FAP 模型，考虑了投资决策中技术的三个主要方法：融资、风险和策略，该模型共有九个指标，较为全面；（2）策略选择分析模型，如果将投资作为公司的经济策略，以创造股东价值，在过去十年里至少有三种流行的技术作为评估这种价值的创造，它包括了平衡差异模型、股东价值

---

① 史本山，郭彩虹. 中小企业投融资博弈分析 ［J］. 西南交通大学学报（社会科学版），2004（5）.

模型和经济增长模型。以上两种模型虽然在运用上有所不同，但是都是建立在 DCF 基础上的。在 DCF 模型中，股东价值被创造（当一个投资项目的折现资金流入大于折现资金流出时），DCF 技术的原理阐述令人信服。但其中也存在一些问题：DCF 始终将决策者置于一种静态地位，而忽略了决策者的调整能力。因此，Slater 等人针对这一缺点提出了策略选择分析模型，DCF 选择分析矩阵，该模型将 DCF 与 Option 潜力分析结合起来，使投资者可以把握住机会进行更好的投资。牛雁翎（1997）① 归纳出目前融投资决策有代表性的模型有万加特纳模型、多目标规划模型、构造项目群优化选择的数学模型、目标规划模型等。它们的共同特点是：（1）模型比较精准，逻辑性强，当某些条件或约束发生变化时，能迅速给出这些变化对整个系统发生影响的结果；（2）能把空间和时间上的众多因素纳入系统分析，避免片面性。张沈生等（2004）② 提出与分层优化方法及模型相似的方法：首先建立投资项目生产决策优选的 0 －1 整数规划模型，它由多个目标函数与若干个约束组成其中净现值目标函数，FNPV 依各方案全投资（假设全部资金均为自有）现金流量表计算，则根据问题特性，以 MaxFNPVZ（自有资金净现值最大）为第一主要目标，其余目标以约束形式表示，从而转化成与万加特纳模型类似的方法求解，结果可得到一组最佳生产方案；然后，以这组方案为基本方案（贷款额为零）来求得融资决策的优化（此时的备选方案必为互斥的）。先依据净现值动态模型分析不同筹资方式对方案自有资金现金流的影响，并确定最佳筹资结构（主要以合适的债务比率来体现）；再以自有资金现金流量表为基础，建立融资决策优选模型，也具有多个目标函数，仍以 MaxFNPVZ 为主要目标，并另加债务比率、借款总额上限等约束；则此模型的求解不存在困难。至此，经过分步优化，最终得到最优方案。

黄小原（2004）③ 提出了企业投融资组合的模糊模型与优化，是以投资组合产出率及风险价值（VaR）为目标函数，研究了在这两个目标下企业投融资组合管理的模糊模型和优化问题，说明了决策变量是财务杠杆和债务结构，给出了金融市场不确定性环境的构造过程，运用进化规划进行优化计算，对不同模糊程度下的债务结构、财务杠杆及其股东权益资本产出率进行了仿真。娄淑

①　牛雁翎. 项目投资与融资财务效益优化决策模型［J］. 价值工程，1997（3）：41－45。

②　张沈生，技术创新项目投资与融资决策的问题与对策［J］. 2004（7）：42－44.

③　黄小原，赵光华，庄新田. 企业投融资组合的模糊模型与优化［J］. 控制与决策，2004（7）：756－758.

华等（2005）[①] 在企业最优投融资评价模型中提出了基于风险业绩调整法（RAP）的研究：风险业绩调整法是基于基金投资组合绩效评价的一种理论和方法，它将所有待评价投资基金的总风险调整至与市场基准组合的总风险相等，然后测定、比较基金风险调整后的平均收益率。该方法建立在现代融资理论之上，运用市场风险机会成本和融资杠杆操作原理很容易精确调整投资组合的风险和收益，使其成为一种"杠杆"投资组合优化的风险管理的重要工具。然而，该方法更多地被应用于证券投资中，而在企业实际投资项目中很少应用，但作为投资组合理论的决策工具，该法应同样可以应用于企业的资产投资组合绩效评价中。因为，在企业任何决策中，投融资者的目标都应该是基于建立在风险和收益对应关系上的风险调整收益的最大化。为此，投融资者在参与项目投融资前必须对项目融资的可行性及风险作出评价，以便使某些经济指标能真正揭示风险和收益的关系，从而能体现风险收益的对应性和对应关系的动态时变性。

第三节　辽宁省中小企业融资现状与困境

一、中小企业融资概念的界定

中小企业的定义及标准是由各国对发展中小企业的不同目的而决定的，加之大企业与中小企业的区别在经济生活中表现模糊，只是一个相对概念，因此，不但各国对中小企业的定义不同，就是在同一国家内部，不同行业、地区及不同的发展阶段中，对中小企业所下的定义也不尽相同。一般来说，中小企业是一个规模的概念，它是指相对于大企业，资产规模、人员规模与经营规模都比较小的经济单位。

关于中小企业的分类，目前世界各国采用的有定量和定性两种标准。

1. 定量标准。衡量企业的规模，国际上通行的有三个参照系标准，即企业雇用人数、企业资产和企业的营业额。

（1）企业雇用人数。相对于其他数量标准，该标准统计方法操作简单，结果明晰直观，便于比较，为大多数国家所采用。从各国实践来看，中小企业雇用人数的标准也是不统一的，它因不同国家、不同产业而不同。

---

① 娄淑华，蒋艳．企业最优投场周刊，2005（3）．

（2）企业资产量。以资产或资本额作为中小企业标准为很多金融部门所采用。但采用该标准的国家远远少于采用雇用人数标准的国家，因为企业资产量的计量和统计比较困难，一些家族式中小企业的企业资产与家庭财产难以区分，一些企业因为种种原因隐瞒真实的资产量，对企业的有形资产和无形资产进行评估也比较困难。

（3）企业营业额。企业营业额大多为财税部门所采用，在市场稳定，会计、统计、税收制度比较健全的发达国家，该指标操作起来相对容易，而在发展中国家则比较困难。

上述标准的采用，在各国不尽相同，有些采用单一标准，有些采用复合标准，单一标准的选择和复合标准组合的具体规定又各异。

2. 定性标准。定性界定标准也称为质量界定标准或地位界定标准，即从企业的性质上提出中小企业界定标准。采用这一标准的多数为欧美国家，如美国、英国、德国、加拿大等。美国 1953 年颁布的《小企业法》规定，凡是独立所有和自主经营，并且在某一事业领域不占支配地位的企业均为小企业。英国在 1971 年公布的波尔顿委员会报告中指出，小企业在市场上占有较小份额；小企业是由其业主或一部分业主亲自管理的，而不是通过正式的管理机构来管理的；小企业是独立的，而非大企业的一个组成部分。

从上文的分析很容易发现，定性标准的核心主要表现为独立所有、自主经营和较小的市场份额。

（一）国外对中小企业的界定

首先列出国外主要机构对中小企业的定义。表 2-1 列举出几个典型的国家或机构使用的中小企业的定量界定标准，从中可清晰地看到，国际上对中小企业的界定存在着相当大的差异。

表 2-1　　　　　　　　　主要国家或机构对中小企业的定义

国家或地区	行业	指标	中小企业
联合国（1993 年）	制造业 批发业 零售和其他服务业	从业人员	500 人以下 100 人以下 50 人以下
美国（2002 年）		从业人员 销售额	500 人以下 500 万美元以下

国家或地区	行业	指标	中小企业
欧盟（2000 年）		从业人员 资产总额	500 人以下 7 500 万欧元以下
日本（2002 年）	工矿业	从业人员 资本金	300 人以下 1 亿日元以下
	商品批发业	从业人员 资本金	100 人以下 3 000 万日元以下
	零售和服务业	从业人员 资本金	50 人以下 1 000 万日元以下

资料来源：张俊喜等. 中国中小企业发展报告 No. 1. 2005.

美国目前主要是以两个标准来界定中小企业，一个是从业人员标准，另一个是销售额标准。根据美国中小企业管理局的划定，销售额在 250 万 ~ 999.9 万美元的企业为中型小企业，销售额在 1 000 万 ~ 2 499.9 万美元的企业为大型小企业；而中型小企业的从业人数划定在 20 ~ 99 人，大型小企业的从业人数划定在 100 ~ 499 人，小企业的从业人数为 5 ~ 19 人，销售额为 50 万 ~ 249.9 万美元；从业人员 5 人以下以及销售额 50 万美元以下的划为个体企业。

日本对中小企业划分通行标准也是两条，一是从业人员标准，二是资本金标准。根据日本《中小企业基本法》规定：工矿业和运输业等行业，资本在 1 亿日元以下，从业人员在 300 人以下者；批发业资本在 3 000 万日元以下，从业人员在 100 人以下者；零售和服务业，资本在 1 000 万日元以下，从业人员在 50 人以下的均归为中小企业。此外，《中小企业基本法》还规定，中小企业的最底层是小企业，其标准为：从业人员在 20 人以下。其中，商业和服务业，从业人员可以在 5 人以下。[①]

（二）我国关于中小企业的界定

在我国，中小企业的构成更加复杂，包括国有企业、城乡集体企业、街道企业、乡镇企业、私营企业、个体企业以及各种经济形态的合资（合作）企业等。新中国成立以来，我国对中小企业的界定先后经过了几次调整。2003 年，原国家经贸委、国家发展计划委员会、财政部、国家统计局四部委根据《中华人民共和国中小企业促进法》规定：中小企业是指在中华人民共和国境内依法设立的有利于满足社会需要，增加就业，符合国家产业政策，生产经营

---

① 张秀生. 国外中小企业的发展概况 [M]. 北京：中国商业出版社，1999.

规模属于中小型的各种所有制和各种形式的企业。同时，为便于界定，四部委于 2003 年 2 月 19 日颁布了《关于印发中小企业标准暂行规定的通知》（国经贸中小企〔2003〕143 号），对中小企业作了划分（见表 2-2）。一般说来，除了因行业不同，人数有差别外，资产总额在 4 亿元以下，或销售额在 3 亿元以下的企业为中小企业。

　　该划分标准采用了国际上流行的定性标准和定量标准相结合，既考虑了不同行业的特点，又兼顾了标准本身的简洁性，因此，科学地定义了中小企业范畴，使我国对企业规模的划分有了一个统一、明确的概念和标准，不仅有助于国家加强对中小企业的管理和宏观指导，也有利于各部门准确掌握企业情况。

表 2-2　　　　　　　　　　　我国关于中小企业划分的标准

行业名称	指标名称	计算单位	大型	中型	小型
工业企业	从业人员	人	2 000 及以上	300 ~ 2 000 以下	300 以下
	销售额	万元	30 000 及以上	3 000 ~ 30 000 以下	3 000 以下
	资产总额	万元	40 000 及以上	4 000 ~ 40 000 以下	4 000 以下
建筑业企业	从业人员	人	3 000 及以上	600 ~ 3 000 以下	600 以下
	销售额	万元	30 000 及以上	3 000 ~ 30 000 以下	3 000 以下
	资产总额	万元	40 000 及以上	4 000 ~ 40 000 以下	4 000 以下
批发业企业	从业人员	人	200 及以上	100 ~ 200 以下	100 以下
	销售额	万元	30 000 及以上	3 000 ~ 30 000 以下	3 000 以下
零售业企业	从业人员	人	500 及以上	100 ~ 500 以下	100 以下
	销售额	万元	15 000 及以上	1 000 ~ 15 000 以下	1 000 以下
交通运输业企业	从业人员	人	3 000 及以上	500 ~ 3 000 以下	500 以下
	销售额	万元	30 000 及以上	3 000 ~ 30 000 以下	3 000 以下
邮政业企业	从业人员	人	1 000 及以上	400 ~ 1 000 以下	400 以下
	销售额	万元	30 000 及以上	3 000 ~ 30 000 以下	3 000 以下
住宿和餐馆业企业	从业人员	人	800 及以上	400 ~ 800 以下	400 以下
	销售额	万元	15 000 及以上	3 000 ~ 15 000 以下	3 000 以下

　　注：表中的"工业企业"包括采矿业，制造业，电力、燃气及水的生产和供应业三个行业的企业。工业企业的销售额以现行统计制度中的年产品销售收入代替；建筑业企业的销售额以现行统计制度中的年工程结算收入代替；批发和零售业的销售额以现行报表制度中的年销售额代替；交通运输和邮政业、住宿和餐饮业企业的销售额以现行统计制度中的年营业收入代替；资产总额以现行统计制度中的资产合计代替。对尚未确定企业划分标准的服务行业，有关部门将根据 2003 年全国第三产业普查结果，共同提出企业划分标准。

　　资料来源：国家统计信息网，http://www.stats.gov.cn。

（三）本书关于中小企业的界定

需要明确的是，在国内很多既有的相关文献里中小企业与民营经济一般都未作出严格的区分。笔者认为这主要是因为在中国这样一个转轨经济中，国家在增量改革中大力发展以中小企业为主的民营经济的同时，原有的国有中小企业在存量改革中亦逐步民营化，民营经济在中小企业中日益强化的主体地位使其与中小企业存在着很大的交集。因此，虽无刻意说明，但对问题的研究对象总体而言，中小企业与民营经济仍是称谓时有不同的同一主体。

基于这一意义，而且，从笔者现有数据的可得性出发，本书中的中小企业的定义，如无刻意说明，均将中小企业与民营经济视做同一概念，以便于分析的进一步展开。

（四）中小企业融资的定义

1. 融资。资金，是任何一个初创企业面向市场、打开市场以及进一步发展市场所必须具备的前提条件，也可以说资金是维持任何一个企业存活并运转的血液。企业的发展过程也就是"融资—投资—再融资"的过程。任何一个创业者要创立一个企业，首先必须有足够的原始启动资金，企业要立足于社会并获得不断发展壮大，也需要后续不断地投入资金。

融资即资金的融通，有广义和狭义之分。广义的融资是指资金在持有者之间的流动，以余补缺的一种经济行为，这是资金双向互动的过程，包括资金的融入与融出。狭义的融资主要是指资金的融入，具体指企业从自身生产经营现状及资金运用情况出发，根据企业未来经营策略与发展需要，经过科学预测和决策，采用一定的方式，通过一定的管道，利用内部积累或向企业的投资者及债权人筹集资金，保证企业生产经营的一种经济活动。

中小企业融资，就是中小企业资金的融通，它是中小企业从自身生产经营特点及资金运用情况出发，根据企业未来发展战略的需要，经过科学的预测和决策，通过一定的管道和方式，组织资金的供应，以保证企业以后经营发展需要的一种经济行为。中小企业融资，就是中小企业对资金这一稀缺资源的配置过程。企业的融资过程如图 2－2① 所示。

2. 融资的必要性和重要性。融资既是中小企业存在和发展的立足点，也是企业扩大再生产的根本保证。中小企业作为一个有生命力的肌体，必然进行自我扩充和发展，而企业生产规模的扩大是以一定的资本投入为前提的。企业必须广泛开展筹资活动，筹集企业生产经营发展所需要的资本。中小企业只有

① 刘红梅，王克强. 中国企业融资市场研究［M］. 北京：中国物价出版社，2002.

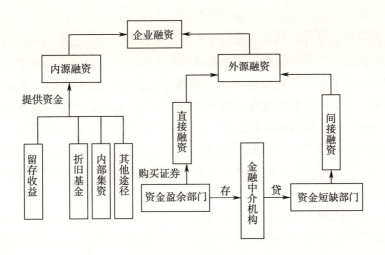

图 2 - 2　企业融资过程

在取得资本后，将资本有目的地进行投资活动，才能谋求最大的资本收益，维持中小企业的持续发展。

　　融资数量的确定要根据投资活动而定。融资的规模、时机和结构要适应企业投资的要求。资本只有通过投资活动，才能实现资本的增值和保值，获得收益。中小企业融资需要有一个合理的数量界限：筹资不足会影响自身生产经营活动和投资活动；筹资过剩又会影响企业资本的使用效率，甚至加重企业的负担。同时正确选择融资渠道和融资方式，合理安排资本结构，适度运用负债经营也是保证资金优化配置的必要条件。融资数量与融资结构不仅直接影响企业效益的好坏，而且影响企业的收益分配，决定着中小企业收益的分配对象、分配方式和分配数额。

　　3. 融资方式。根据方式合法与否，融资分正规金融和非正规金融两种。正规金融是指经国家批准允许设立并受法律保护的各种金融市场和金融活动，如货币市场上的银行信贷、资本市场上的股票融资、债券融资等，也可称为体制内金融。非正规金融是指不受国家法律保护和规范、处在金融当局监管之外的各种金融机构、金融市场、企业、居民等所从事的各种金融活动，包括私人借贷、贷款经纪人、互助会、地下钱庄等，也可称之为体制外金融。

　　4. 融资渠道。中小企业的融资渠道是指中小企业从哪里获得资金，即取得资金的途径。从不同来源渠道获取的资金在融资成本、融资风险等方面各不相同。

　　从债务结构上看，中小企业的债务融资通常涵盖以下三种方式：内源性直接债务融资、外源性间接债务融资和外源性直接债务融资。内源性直接债务融资通常是指与企业直接利益相关的业主、股东、业主的亲友等向企业提供的债务性质的借款；外源性间接债务融资则是企业通过商业银行等金融中介机构所进行的债务性融资，其主要途径包括商业银行贷款、其他非银行金融机构贷款、信用合作机构贷款以及融资租赁等；而外源性直接债务融资是指企业以发行商业票据、债券或要求商业信贷等方式获得资金的债务性融资。

　　在中小企业成长周期的不同阶段，这三种债务融资方式起着不同的作用。一般而言，在中小企业发展初期，内源性直接债务融资由于能够较好地克服信息不对称所引致的事先的逆向选择和事后的道德风险问题，加上其具备融资方式和利率水平都较为灵活的优点，因此，在中小企业的发展初期，内源性直接债务融资在企业总资产中所占的比例较高，内源性直接债务融资往往是企业主要的融资渠道，在一定意义上可以说，筹集内源性债务的管道是否畅通，直接决定了企业能否顺利地成长。随着中小企业的成长壮大，其对资金的需求量日益放大，内源性直接债务融资逐渐会因达到其增长极限而难以随之放大，此时，通过商业银行等金融中介获得外源性间接债务融资就会成为中小企业债务融资的主要路径。外源性间接债务融资可以打破企业内源性直接债务融资的束缚，动员吸纳更多的外部资金融入企业，使企业的生产经营获得更多的资源支持，从而创造出更大的发展空间，因此，外源性间接债务融资就会成为中小企业的融资偏好，外源性间接债务融资能力也就成为衡量中小企业成长性的重要尺度。同时，当成长到一定规模时，中小企业还可通过发行商业票据或债券、要求商业信贷等方式进行外源性直接债务融资来突破自有资本的限制而寻求发展。然而，这些外源性直接债务融资方式要求中小企业具备较高的信用级别，这恰恰是中小企业通常最缺乏的，因此，对于大多数中小企业而言，进行外源性直接融资是非常困难的。

　　以上分析表明，中小企业的融资大多数以债务型融资为主，而且，在不同的发展阶段，中小企业的债务融资方式也表现出较大的差异性。其中，内源性直接债务融资总体上是一种非正式的金融制度安排，融资规模较小；外源性直接债务融资则对企业信用评级的要求较高，对中小企业而言，这种方式的可操作性也不强。因此，在企业经营相对稳定后，中小企业对外源性间接债务融资往往表现出较大程度的路径依赖，此时，银行贷款等间接性债务在中小企业的资产负债表中所占比重通常都比较高。因此，科学地分析不同的融资方式，对于合理地制订中小企业融资对策，提高中小企业融资效率，有着重要的现实意义。

二、中小企业在辽宁省经济发展中的作用

近年来，辽宁省中小企业发展速度很快，在东北三省中处于领先地位。到2010年底，在辽宁省工商行政部门注册登记的民营中小企业数量已经达到了178.15万家，占辽宁省全部企业总数的90%以上；民营经济增加值占GDP比重已经达到60.5%，其中辽南部分地区非公有制企业数量已经占到企业总数的95%以上，增加值比重已经超过80%。民营中小企业的快速和蓬勃发展对增强辽宁地区的经济活力、扩大就业、维护社会稳定、促进出口、繁荣市场等方面均起到了重要的作用，是辽宁省经济社会生活中不可替代的重要力量，对于进一步促进东北地区中小企业、民营企业发展，使其与国有企业改革并行，以及振兴东北老工业基地具有重要的战略意义。

（一）中小企业是推动老工业基地国有企业改革、缓解就业压力的重要力量

辽宁地区的国有企业在经济转型的过程中尽管遇到了许多困难，但是也应当看到，国有企业有厂房、土地和优秀的职工队伍以及多年积累的经验。从资本整合的角度来看，民营企业通过参股、收购等方式参与国有企业改革，既有利于有竞争力的民营企业迅速壮大，也有利于国有企业改革的顺利进行。可以说，国有企业改革没有民营企业的参与是很难完成的。实施辽宁省老工业基地振兴战略以来，民营企业积极参与辽宁地区国企改革改组改造，极大地推动了国有企业的改革进程。

同时，与大企业相比，由于中小企业有机构成低，经营方式灵活，多为劳动密集型产业，是失业人员和新增劳动力就业的主要管道。在经济转轨时期，随着东北老工业基地改革的逐步深入，大量工人、机关人员纷纷下岗，面临着再就业问题，每年众多的大中专毕业学生和农村大量的剩余劳动力也需要就业，失业问题已经成为东北老工业基地经济发展道路上的障碍，直接关系到经济发展的顺利进行和社会的安定团结。"十一五"期间，辽宁省民营中小企业的从业人员连年呈上涨的趋势，2005年从业人员总量从900万人增加到期末的1 123.7万人，除了2009年受国际金融危机的影响略有减缓之外，"十一五"期间，民营中小企业从业人员每年的增幅都保持在4%以上（见图2-3）。同时，民营中小企业的迅速发展还为解决城镇下岗失业人员的就业问题开辟了途径，2010年辽宁省民营中小企业共吸纳城镇下岗人员约148.48万人，为国有企业的股份制改造的顺利进行以及缓解就业压力，维护整个社会的稳定作出了巨大的贡献。此外，民营中小企业还解决了一部分农村剩余劳动

力、大中专毕业生的就业问题。

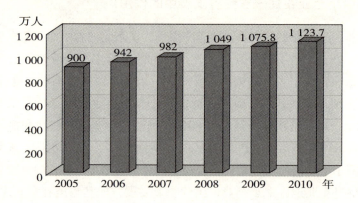

图 2 – 3　2005 ~ 2010 年辽宁省民营中小企业就业人员增长

资料来源：根据辽宁省中小企业厅内部资料《辽宁省民营经济及乡镇企业统计资料汇编》（2010 年）相关数据整理而成。

（二）中小企业是推动辽宁省实现技术创新、产业结构升级和产业集群化发展的重要动力

随着知识经济时代的到来，科学技术在各国经济发展中发挥着更为重要的作用。与大企业相比，中小企业在技术创新方面具有极大的创造性和灵活性。不可否认，大企业因其实力雄厚，在基础研究和重大科研项目上占有优势，但在众多应用型技术的发展创新上，中小企业则拥有广阔的实践空间。由于中小企业规模较小，经营方式灵活，而且其技术创新的驱动机制大多是市场拉动型，其技术创新的要求更为迫切，相应的创新成本也比较低。中小企业研制出来的新型技术，一旦投入市场，便会有效地促进经济的增长。2010 年辽宁省中小企业共完成新产品开发 7 157 项，实现新产品增加值 1 103 亿元，比上年提高了 1.2 个百分点，在全省 3.8 万户"专精特新"型中小企业中，科技型企业占 3 557 家，高新技术企业 435 家，中小企业的科技创新有效地促进了辽宁省产业和产品结构的优化升级，极大地推动了辽宁省技术创新的整体水平。

同时，从产业结构的分布来看，辽宁省作为老工业基地特有的以重化工业为主导的产业结构，是由历史的原因造成的，当前，东北振兴的主要途径是改革，东北振兴的主要任务是产业结构调整。目前，中小企业、民营企业在一般加工制造业和服务业占较大比重，这正是辽宁地区所需要的。而且，辽宁地区还是全国重要的商品粮生产基地，农副产品深加工业也为中小企业、民营企业的发展提供了广阔的前景。中小企业、民营企业在延长产业链条、发展专业化

协作配套，改变辽宁地区重化工业比重过大等方面都可以发挥重大的作用。由于中小企业的创建成本较低，形式比较灵活，在实现产业结构升级和调整的过程中，要大力发展新型的农业分工体系，实现农业和工业的有效结合，就必须通过产业或行业政策引导，大力发展那些同农产品和农业生产相关的中小企业，如食品、乳品、肉类、饲料、果品深加工、农业中间消费品等农村工业、乡镇企业，促进农业实现工业化。同时，随着第二、第三产业的发展，社会化服务体系发展水平不断提高，农村地区的产业结构也会不断优化，中小企业在老工业基地也得到了迅速发展，2010 年辽宁省民营中小企业共计实现支农建农及补助社会性支出 1 021 301 万元，在支持老工业基地农业发展和促进农村经济结构调整中起到了重要作用。

另外，由于辽宁省中小企业规模有大有小，遍布各行各业，种类不同，性质和功能各异，而且相互关联，有生产上下相连的产业链，又有左右协同、横向合作的企业群，由此形成和保持中小企业系统的有序结构和动态平衡，这一特征决定了其具有发展产业集群化的潜力，而"产业集群具有分工协作细、聚集效应强、资源共享程度高等特点，有利于完善配套、降低成本、提高效益，有利于形成特色、创造品牌，有利于发展循环经济，是现代企业特别是规模偏小企业发展的一种有效形式，也是带动区域经济发展的重要途径"。[①]

（三）中小企业为繁荣辽宁省市场、增加消费、扩大出口作出了重要贡献

2010 年，辽宁省民营中小企业共实现营业收入 47 837 亿元，其中批发零售业 6 380.2 亿元，住宿及餐饮业 2 226.3 亿元，其他生活服务业 1 766.1 亿元，为辽宁省消费与服务市场的繁荣作出了巨大的贡献。同时，2010 年，辽宁省共有外贸型中小企业 6 936 家，实现出口 1 502.5 亿元，约占辽宁省全部出口总额的 45%，出口产品的类别主要为化工类、机械类、矿产类、轻工类、食品类、畜产类、纺织服装类和工艺品类等，出口国家主要为日本、韩国、东南亚国家、美国、欧洲以及港澳台等地区，极大地提高了辽宁省经济对外交流的活力，促进了辽宁省经济的快速发展。

中小企业是县域经济的支撑。2010 年辽宁省 44 个县的民营中小企业总数达到 893 614 个，占辽宁省全部民营企业总数的 52.9%；从业人员总数 4 529 967 人，占全部民营企业从业人员总数的 48.1%；共实现增加值 24 205 400 万元，占全部民营企业增加值的 45.3%；实现营业收入总计

---

① 《辽宁省民营经济及乡镇企业统计资料汇编》(2010 年)，辽宁省中小企业厅内部数据，53 页。

88 277 666万元，占全部民营企业营业收入的44.3%（见图2-4）。同时，一些县（区）根据本地实际利用当地资源进行深加工发展起各类中小企业，逐步形成了地方支柱产业和特色经济，如法库县的陶瓷产业、岫岩的玉产业等。实际上，中小企业已成为这些县（区）财政收入的主要来源，而且对增加这些县（区）的经济活力，扩大就业，乃至对促进县域经济的全面发展起着十分重要的作用。

综上所述，中小企业在辽宁省经济体系中已占有十分重要的地位，应当重新认识这些中小企业的作用，彻底扭转计划经济时期遗留下来的"重大轻小"、歧视民营的片面倾向，切实把中小企业提高到战略高度来安排其在辽宁省经济全局中的位置和作用。此外，与大中企业并存是现代化社会分工协作体系的基本形式和内容，以往在资本的集中和垄断过程中，大企业和中小企业之间是吞并与反吞并的关系，中小企业在大垄断组织的夹缝中生存，命运朝不保夕，而现在矛盾虽然没有消除，但是随着现代企业组织结构的变革，专业化分工的加深，中小企业的强大生命力使得二者关系发生了根本性变化，大企业离不开中小企业，中小企业也离不开大企业，大中小企业共存共荣，形成了现代经济的分工协作体系。

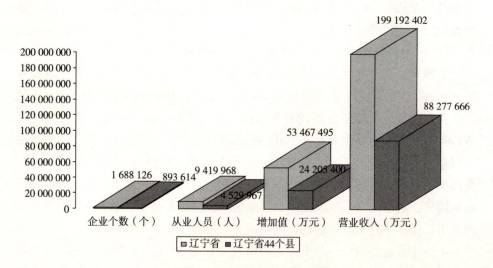

资料来源：根据辽宁省中小企业厅内部资料《辽宁省民营经济及乡镇企业统计资料汇编》（2010年），22-23页，"民营经济主要经济指标表（44个县）"的资料整理而成。

图2-4 辽宁省县域民营中小企业与全部民营中小企业的对比

三、辽宁省中小企业融资现状

为了对辽宁省中小企业的融资困境有所了解，我们有必要对现有中小企业融资结构有所了解。考虑到目前中国正规金融统计中很少有按照企业规模与贷款分类的统计，因此我们只能在总体数据统计上借助典型调查，对辽宁省中小企业融资状况做一大致描述。

（一）数据调查分析

1. 依据 2010 年底辽宁省民营中小企业固定资产投资资金来源对比情况，在我国中小企业中占有重要比例的辽宁省中小企业，其融资结构和融资渠道如图 2 – 5 所示。

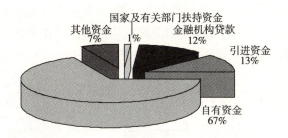

资料来源：根据《辽宁省民营经济及乡镇企业统计资料汇编》（2010 年），辽宁省中小企业厅内部数据，80 – 81 页，"民营经济固定资产投资情况表"的资料整理而成。

图 2 – 5　2010 年底辽宁省民营中小企业固定资产投资资金来源对比

由图 2 – 5 可见，辽宁省民营中小企业的发展资金绝大部分来自于内源融资——业主资本和内部留存收益（自有资金 67%）；而外源融资——公司债券和外部股权融资等直接融资为 7%，银行贷款则为 12%。也就是说，辽宁省中小企业的融资难现象是总体上的外部融资难，即不仅是银行贷款难，还表现在其债券、股票的融资渠道不畅。

可见，融资渠道的增加并没有改变中小企业的发展依然以内源融资为主的局面，而且，从外源融资的角度来看，民间融资与正规金融机构对中小企业的融资支持比重相当。

截至 2010 年底，辽宁省民营中小企业当年共完成固定资产投资 10 251.92 亿元，其资金来源中，有 6 932.14 亿元来自企业自有资金，占全部固定资产投资总额的 67.61%；而金融机构的贷款仅仅为 1 234.27 亿元，占全部固定资产投资总额的 12.58%；引进资金共 1 289.33 亿元，占固定资产投资总额的 12.58%，其中，引进外资为 495.51 亿元，占固定资产投资总额的 4.83%；国家及有关部门的扶持资金为 109.2 亿元，占全部固定资产投资总额的 1.07%；其他资金来源为 686.97 亿元，占固定资产投资总额的 6.7%（见图 2-5）①。

从上述比较很容易看到，在中小企业的发展过程中，长期以来依赖内源融资的局面并没有因为企业融资渠道的增加而有所改变，金融机构对中小企业的贷款在中小企业融资中所占的比重依然较小，同时，辽宁省中小企业在利用外资方面也相对比较落后，这同以外向型发展为主导的中小企业发展模式存在很大的差异。还应该注意的是，在整个固定资产投资中，其他资金来源占比为 7.29%，这部分资金主要通过民间融资等方式实现，其比重已经与正规金融机构的贷款比重不相上下，由此可见，非正规金融对中小企业融资的重要性日趋增加。

2. 依据辽宁省金融机构本外币贷款余额与小企业贷款余额的对比（见图 2-6），辽宁省中小企业贷款同全部金融机构的贷款总额相比占比较小，金融机构对中小企业的贷款无法满足其快速发展的需求。

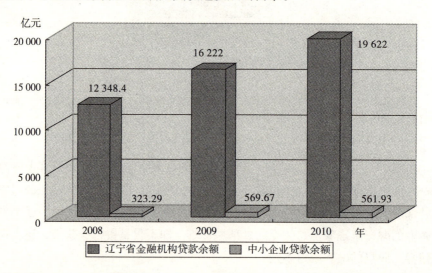

资料来源：根据辽宁银监局内部统计资料计算和整理而成。

图 2-6 辽宁省金融机构本外币贷款余额与小企业贷款余额的对比

根据 2008～2010 年辽宁银监局统计资料，2010 年底辽宁省本外币各项贷款余额共计 19 622 亿元，同比增长 21%，辽宁省金融机构的贷款总额呈现出

---

① 由于中小企业的资金来源渠道比较复杂，统计口径也存在很大的出入，因此，统计起来存在相当大的难度，在本书中，笔者为了说明问题，从固定资产投资的角度出发，分析中小企业融资渠道的问题，尽管不能代表全部的中小企业融资情况，但是，却可以部分地说明问题。

连年持续上升的走势。然而，从中小企业的贷款来看，2008 年中小企业贷款余额为 323.29 亿元，仅占 2008 年全部贷款余额的 2.6%；2009 年中小企业贷款余额为 569.67 亿元，占 2009 年全部贷款余额的 3.5%，而 2010 年中小企业贷款余额为 561.93 亿元，与上年相比反而减少，占全部贷款总额的比例也下降为 2.9%① （见图 4 - 5）。

从上述分析可见，金融机构对中小企业的贷款占其贷款总额比重相对较低，小企业想通过依靠贷款的方式来发展和壮大自己存在很大的难度。

3. 在中小企业的上市融资方面，辽宁省起步相对较晚，直到 2006 年才实现了零的突破，与上述大型企业上市所取得的成就对比，相对发展较为缓慢。截至 2011 年 11 月底，辽宁省只有 10 家中小企业成功登陆中小企业板市场，仅占全部中小企业板上市公司总数的 1.6% （见表 2 - 3）。

表 2 - 3　　　　　　截至 2011 年 11 月底辽宁省中小企业上市公司

公司代码	公司简称	公司全称	所属行业
002069	獐子岛	大连獐子岛渔业集团股份有限公司	A 农林牧渔
002123	荣信股份	荣信电力电子股份有限公司	C7 机械设备
002204	华锐铸钢	大连华锐重工铸钢股份有限公司	C7 机械设备
002220	天宝股份	大连天宝绿色食品股份有限公司	C0 食品饮料
002231	奥维通信	奥维通信股份有限公司	G 信息技术
002354	科冕木业	大连科冕木业股份有限公司	C2 木材家具
002447	壹桥苗业	大连壹桥海洋苗业股份有限公司	A 农林牧渔
002487	大金重工	辽宁大金重工股份有限公司	C6 金属非金属
002606	大连电瓷	大连电瓷集团股份有限公司	C7 机械设备
002621	大连三垒	大连三垒机器股份有限公司	C7 机械设备

在全国 20 多个省市和地区中，辽宁省中小企业上市的数量和融资规模相对落后。截至 2011 年 11 月，广东省在中小企业板上市的中小企业有 132 家、浙江省有 109 家、江苏省有 86 家、山东省有 53 家，辽宁省中小企业通过上市融资的规模显然相对较小，与发达省份的差距更是悬殊。而且，辽宁省中小企

---

① 由于 2007 年中国银监会公布了关于《银行开展小企业授信工作指导意见》，对小企业的规模作了重新的界定，导致 2007 年统计中的小企业规模的界定与 2006 年相比，范围上缩小了很多，所以，贷款统计上的下降与此有很大的关系，2006 年的数据和 2007 年的数据在很大程度上不具有可比性，但是，笔者在此处通过对两个年度中全部贷款余额与小企业贷款余额的对比，试图来表明一个问题，即小企业贷款在全部贷款中占比较小。

业由于规模较小，完全没有通过资本市场进行再融资的能力。[①]

这种现状说明，辽宁省中小企业直接融资的发展相对于中小企业巨大的资金需求与快速的发展速度而言，依然存在很大差距，无法满足中小企业融资的需求。辽宁省中小企业的直接融资发展还处于相对比较落后的地步。相对于辽宁省 178.1 万家数额庞大的中小企业融资需求来说，仅仅 10 家的中小企业上市融资这一事实本身也足以说明，直接融资无法满足辽宁省中小企业日益迅速的发展需求，直接融资渠道的畅通还有很长的一段路要走。

4. 辽宁省发展改革委的相关统计表明，辽宁省大部分企业债券（包括中长期企业债券和短期融资券[②]）是在 2000 年以前发行的。2000 年以后，仅发行两笔企业债券，共计 1.4 亿元，其中沈阳高新区 1 亿元和鞍山高新区 4 000 万元。[③] 短期融资券方面，2000 年以后一直处于停滞状态，直到 2006 年大连西太平洋石化公司发行 10 亿元人民币的短期融资券才重新打破了这一僵局，之后先后又有几家公司，如辽宁供水集团有限责任公司发行 3 亿元、辽宁忠旺集团分两期共计发行 13 亿元、辽宁华锦通达化工公司发行 6 亿元短期融资券[④]。由此可见，辽宁省企业债券融资方式在 2000 年以后一直处于萎缩状态，企业的债券融资渠道基本处于停滞状态，债券融资的直接融资方式基本没有发挥作用。

从上述发行企业短期融资券和企业债券的企业来看，基本都是规模相对较大的省直企业或上市公司，中小企业在发行企业债券或短期融资券方面基本上还处于空白状态。在这方面，深圳中小企业集合债券（20 家）和中关村高新技术中小企业集合债券（7 家）的成功发行[⑤]，为我们开辟了一种全新的中小企业债券融资模式。中小企业融资途径进一步拓宽，不再仅局限于银行贷款和少数企业在中小企业板融资。因此，辽宁省中小企业的债券融资问题要想有所突破，必须大力创新融资方式，不断拓宽融资渠道和融资模式，积极探索各种可行的方案，切实解决中小企业融资问题。

5. 辽宁省中小企业创业投资活动起步较晚，主要是在 1999 年根据原国家

---

① 资料来源：深圳证券交易所网站，http：//www.szse.cn 。

② 短期融资券指企业依照短期融资券管理办法规定的条件和程序，在银行间债券市场发行和交易，并约定在一定期限内还本付息的有价证券。由于兼具融资成本低廉、融资渠道高效、现金管理灵活等优势，短期融资券的发行，推动了企业融资方式由间接向直接的转变，不少优质大型企业转而青睐通过短期融资券市场来解决短期融资需求。

③ 资料来源：辽宁省发展改革委内部统计资料。

④ 资料来源：中国资本运营网，http：//www.szporter.com/。

⑤ 资料来源：厦门中小在线，http：//www.smexm.gov.cn。

计委、科技部等七部委制定的《关于建立创业投资机制的若干意见》精神的指导下，由省财政预算拨款设立的，但是，创业投资基金的发展一直比较缓慢，且创业基金的数量有限。从运行机制来看，辽宁省创业投资主要是"官办官营"模式，即主要由各级政府出资组建投资公司，按照国有企业的模式进行运作。当然，创业投资的起步阶段各级政府的财政投资作为发展创业投资的启动资金或引导资金是必要的，但是，从创业投资的发展看，必须转变"官办官营"运作机制，以政府资金为引导，民间资本为主体来实行市场化运作。创业投资的"官办官营"将产生诸多负面后果。诸如，其一，政府难以形成对创业投资有效的制约机制，风险难以避免，甚至易引发投资的系统性风险；其二，对"官办官营"创业投资本身，责任缺位问题不易解决；其三，政府作为创业投资的主体，财力本身也是有限的，不可能满足对创业投资的需求。因此，如何拓宽创业投资的融资渠道，启动民间和社会投资，实现创业投资主体多元化就成为发展辽宁省创业投资亟待解决的问题。

在这方面，政府部门已经有了一定的认识，并走出了尝试性的一步，如在2007 年 9 月 21 日，沈阳市第一家以辽宁省政府风险投资基金为引导资金，市政府财政资金等量匹配，同时吸纳民间资本组建的基金型创业风险投资公司——沈阳创业投资基金有限公司挂牌成立。该公司注册与实收资本均为 1 亿元人民币。其中民营资本的出资方为沈阳波斯顿克虏伯投资有限公司，辽宁省政府委托的出资机构为省科技厅直属辽宁省科技企业创业服务中心，市政府委托的出资机构为市科技局直属沈阳科技风险开发事业中心，三方的出资比例为4:3:3。创投基金公司实行所有权与经营权相分离，其运行模式设计既充分借鉴国内外创业投资成功经验，又体现了地方特点[①]。这是对既有的中小企业创业投资基金缺乏民营资本介入模式的一次大胆改革，具有重大的现实意义。

6. 依据中国人民银行沈阳分行对辽宁省民间融资的调查，考察参与民间融资样本企业的规模分布（见表 2 - 4）、参与民间融资样本企业的行业分布（户数）（见表 2 - 5）、参与民间融资样本企业的行业分布（融资额）（见表 2 - 6），说明辽宁省民间融资[②]活动日趋活跃，已成为中小企业外源融资的重要渠道，但由于缺乏相关的法律与制度规范，民间融资存在很大的不确定性，增加了监管的困难。

---

①　资料来源：东北新闻网，http://news.nen.com.cn。
②　民间融资是指在国家法定金融机构之外，以获取资金使用权并支付约定利息为目的而采用的民间借贷、民间票据融资、民间有价证券融资和民间集资等形式，暂时改变资金所有权的金融活动。

表 2 - 4   参与民间融资样本企业的规模分布

参与民间融资的样本企业规模（按企业总产值分类）	占有民间融资行为的样本企业的比例（%）
1 000 万元以下	59.2
1 000 万 ~ 3 000 万元	22.9
3 000 万 ~ 5 000 万元	03.9
5 000 万元以上	14.0
合计	100

资料来源：根据中国人民银行沈阳分行内部统计资料整理制作。

表 2 - 5   参与民间融资样本企业的行业分布（户数）

参与民间融资的样本企业所处行业	占有民间融资行为的样本企业的比例（%）
化工	3.8
建筑业	4.5
采掘业	6.4
农业	9.6
其他	15.8
商贸、餐饮业	16.6
制造业	43.3
合计	100

资料来源：根据中国人民银行沈阳分行内部统计资料整理制作。

表 2 - 6   参与民间融资样本企业的行业分布（融资额）

参与民间融资的样本企业所处行业	占有民间融资行为的样本企业的比例（%）
化工	1.0
建筑业	3.9
采掘业	3.9
农业	10.4
商贸、餐饮业	14.5
其他	25.0
制造业	41.3
合计	100.0

资料来源：根据中国人民银行沈阳分行内部统计资料整理制作。

中国人民银行沈阳分行选择辽宁省内各市、县一定数量的企业和个人作为典型调查对象，对辽宁省民间融资情况进行了定项调查，调查对象包括企业和个人（个体工商户、农户）两类，调查范围涵盖全省各地市及其所辖县

（市）。据测算，辽宁省民间融资总规模约为 611.33 亿元，其中，企业民间融资规模达 233.81 亿元，个人民间融资规模达 377.52 亿元。

辽宁省民间融资情况抽样调查报告显示，在监测期内，1 935 户样本企业及个人（其中企业 625 户、个体工商户 610 户、农户 700 户）中参与民间融资的达 635 户，融资面为 32.8%。2005 年末，样本企业及个人民间融资余额为 4.01 亿元，占其贷款余额的 29.8%，户均融资额达 63.08 万元。

其中，样本企业如表 2-7 所示，参与民间融资的为 157 户，融资面积达 25.1%，年末融资余额为 3.62 亿元，户均融资额为 200 万元。样本个人参与民间融资的为 478 户，融资面积达 36.5%，年末融资余额为 3 853.99 万元，户均融资额为 8.06 万元。其中，参与民间融资的个体工商户有 187 户，年末融资余额为 3 076.46 万元，户均融资额为 16.45 万元；参与民间融资的农户有 291 户，年末融资余额为 777.53 万元，户均融资额为 2.67 万元。

表 2-7　　　　　　　　　　**样本企业民间融资基本情况表**

地域	企业数（户）	参与民间融资的企业数（户）	融资面（%）	民间融资余额（亿元）	占全部民间融资余额的比例（%）	户均民间融资金额（亿元）
市区	265	55	20.8	1.19	32.9	0.02
县及县以下	360	102	28.3	2.43	67.1	0.02
合计	625	157	25.1	3.62	100	0.02

资料来源：根据中国人民银行沈阳分行内部统计资料整理制作。

7. 依据辽宁省民营中小企业 2008～2010 年利用外资情况的对比（见表 2-8）表明辽宁省民营中小企业利用外资取得了一定的进展，实际对外资的利用比较低。

表 2-8　　　　　　**辽宁省民营中小企业与外商合资合作新签协议**　　　单位：万美元

年份	2008	2009	2010
项目个数（个）	1 828	426	405
协议投资额	425 928	497 844	323 491
实际投资额	223 391	297 203	221 503

2010 年辽宁省实际利用外资达 207.5 亿美元，比 2009 年增加了约 53 亿美元，同比增长 34.36%，实现历史性突破，位次跃居全国第二位，这表明随着振兴东北老工业基地改革的深入，辽宁省利用外资的优势正日益凸显。然而，民营中小企业在利用外资方面，虽然在合同项目的数额上已经取得了一定进

展，但是，无论从合同利用外资的金额还是实际利用外资的金额方面，占比都较低，2010 年辽宁省民营中小企业合同利用外资额为 32.35 亿美元，与上年相比下降了 16.44 亿美元，实际利用外资额为 22.15 亿美元，与上年相比下降了 6.57 亿美元，这表明辽宁省民营中小企业在利用外资方面发展与整体利用外资的进展状况存在着较大的差距。

8. 受到国际金融危机的影响和欧洲主权债务危机的影响，辽宁省中小企业的信用风险加大，融资难度增加。随着金融危机的蔓延，世界经济整体出现下滑，国际需求萎缩。为应对金融危机、保护本国的经济利益，许多发达国家采取种种措施限制对国外商品和劳务的进口，国际贸易保护主义抬头。金融危机之后，我国陆续受到美国、欧盟、日本等发达国家和地区的反倾销和发补贴制裁，这对我国中小企业出口造成了很大的影响。根据中国商务部的统计，截至 2010 年 3 月，欧盟对我国启动 152 起贸易救济调查，其中反倾销案 149 起，保障措施 2 起，特保 1 起。长期以来形成的出口导向型经济增长模式，使我国出口受到巨大的冲击。中小企业作为我国经济的重要组成部分，自然难以独善其身。辽宁省民营中小企业订单减少，销量下降，融资信用风险加大，2008 年辽宁省民营中小企业出口交货值比上年的增幅下降了 22 个百分点，而到 2009 年为例，辽宁省民营中小企业出口交货值出现了负增长，出口交货值总量为 1 301 亿元，比上年减少 3 亿元，增幅为 - 0.27%。截至 2010 年 11 月，根据辽宁省中小企业厅对 1 000 户规模以下工业企业调查显示，停产半停产率为 18.5%。

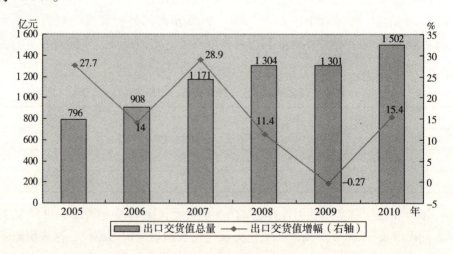

图 2 - 7　2005 ~ 2010 年辽宁省中小企业出口交货值对比

国内外市场占有率同时下降的情况下，中小企业生存状况急剧恶化，中小企业面临的首要问题是如何生存。因此，中小企业没有足够资金来偿还银行债务，还款意愿也大大降低，这又导致中小企业融资的成本进一步提高。从2009年10月起到2011年7月，中国人民银行五次上调人民币存贷款利率，辽宁省中小企业贷款利率平均达到6.06%，银行在此利率的基础上可上浮30%，再加上担保成本费用为保额的2.59%，初步测算辽宁省中小企业贷款成本将达到10.5%左右。

（二）对辽宁省中小企业融资状况的基本判断

通过上述的数据调查可以看到，辽宁省中小企业大体上还是呈现出过度依赖银行贷款，内源融资不足，外源融资受阻的特征。我们对辽宁省中小企业的融资现状具体归纳如下：

1. 内源性融资能力低。对中小企业来说，与外部融资相比，内部融资可以减少因信息不对称而造成的负面影响，从而节约企业交易费用，降低融资成本。因此，内部融资在中小企业的生产经营过程中所起的作用是相当重要的。从上述的数据调查中，我们可以清晰地看到，内源性融资是中小企业的主要融资渠道，但中小企业的整体自筹能力较低。

我国中小企业多数面临管理水平低、面临市场不确定等多方面的风险，同时我国政府对中小企业的相关税率及税收优惠政策不尽合理，其自身积累不足是不争的事实[1]。

从产权交易来看，辽宁省产权交易比较活跃，通过产权融资[2]的方式解决

---

[1]　刘旭宁，王海勇. 中小企业融资困难的成因分析与改革思路［J］，山东经济战略研究，2005（12）：25 – 26.

[2]　产权融资的基本内涵是，经地方政府或其授权部门审批，在一定范围内以法人或社会公众为对象，市场为中介，改制或改组为目的，用权证方式进行融资的一种手段。广义的产权融资，是指包括在全国公开发行并在沪、深两个交易所上市交易的各类产权融资；狭义的产权融资，是指除在全国公开发行并非在沪、深两个交易所上市交易的各类产权融资。由产权融资所形成的市场，就是产权市场或产权交易市场。本书所研究的是狭义的产权融资和由此所形成的产权交易市场。

产权融资的形式，一般包括企业改制、非上市股份有限公司的挂牌流通及其配送股和产权的"托管、转让和流通"等三种形式。其中，企业改制，主要是指在企业改革中通过兼并、收购、拍卖或协议转让、产权置换、外资嫁接等方式促使企业改组为股份有限公司或有限责任公司或股份合作企业或"中外合资企业"，并实现产权融资；非上市股份有限公司的挂牌流通及其配送股，是指这类公司可根据省证券委制定的有关政策申请股权的挂牌流通，并实施配送股，以达到改组或融资的目的；产权的"托管、转让和流通"，是指一个企业或一个项目公司，在经所辖政府或其授权部门批准后，将自己拥有的产权拿到产权登记托管机构进行登记托管，然后在有担保的情况下以一定时期内的效益预期为承诺条件，拿出其中的一部分向社会法人或公众进行公开出售，并在期满后的一定时间内按当初承诺的条件进行回购，以实现企业或项目公司的转机建制并进行融资。

了大部分国有中小企业的改制问题，但是，产权交易市场的运作主要还是基于政府主导，且普遍存在着成交规模较小、运行层次不高等现实问题，中小企业自主参与产权交易获取融资的动力不足，机制创新还有待进一步加强。而且，从产权交易的业务品种来看，目前，企业国有产权转让仍占据市场交易的绝对主导地位，由于交易品种单一，难以达到聚拢市场人气，以存量的流动带动增量投资、带动各种所有制产权流动、带动产权异地流动、带动无形资产流动的目的，因此，通过创新交易品种来提升竞争能力已经势在必行。另外，由于国家对于产权交易市场采取审慎的发展态度，即便在国家提出振兴东北老工业基地的特定背景下，也始终没有将赋予东北特别是辽宁地区发展产权交易市场的特殊试点政策，这些都极大地限制和制约了中小企业通过产权交易获得融资的可能。

2. 融资渠道狭窄单一。中小企业融资难不仅仅是贷款难，事实上信贷资金仅仅是中小企业融资渠道的一部分，中小企业的融资渠道还应该包括股权融资、债券融资。上市直接融资是解决资本金不足的理想渠道，但在中国股市的现阶段，这个渠道很难被广大中小企业所利用。股权融资、项目融资、企业债券、并购融资等新型的融资形式还没有在实践中得到广泛的应用。

中小企业的间接融资方式不仅仅是指银行贷款，还包括票据贴现、融资租赁等方式。但在我国，在这几种间接融资方式中，由于商业信用和票据市场还处于起步阶段，发展非常滞后，尤其是中小企业几乎没有通过票据贴现进行融资；由于经济体制和企业经营者思想观念落后等多种原因，我国中小企业通过设备融资租赁进行融资的量也很小；银行贷款由于服务品种多样，手续简单方便快捷，则成为中小企业获得外部融资的主要方式。

中小企业信贷活动"两极分化"越来越明显，效益好的中小企业越来越成为金融机构争夺的客户，状况并不十分好的中小企业或者受到冷落，或者因担保或抵押条件被拒之门外。根据一些机构统计发现，国内只有5%的中小企业得到银行的贷款或股权融资。而对于这些企业而言，其融资渠道来源主要集中在银行贷款。中小企业由于规模小、信用度差等因素，要获得银行等金融机构的贷款往往成本也较高。据中国人民银行的相关调查显示，目前从银行得到贷款的中小企业其融资供应的98.7%来自银行贷款。这就反映出中小企业融资的一个特点：绝大多数中小企业得不到银行贷款，而目前能得到银行贷款的中小企业则过分依赖于银行的资金。① 这致使融资渠道单一，风险较大。

---

① 杨宏，罗秀妹. 我国中小企业"融资难"面临的新问题及对策 [J]. 金融与保险，2004（3）.

3. 获得银行贷款难。中小企业的贷款，目前主要依赖于国有商业银行，因为现有的民间中小银行提供的贷款，无论从数额上还是从期限上都难以满足中小企业的需求。然而，从其性质来讲，国有商业银行是国家的大型金融机构，其服务对象主要集中在"大企业、大集团"。首先，中小企业融资业务的特点是风险高，收益低，流动性管理困难。风险高是由于中小企业个体的抗风险能力弱和抵押担保品不足；收益低是因为其融资额度小，固定成本高导致；流动性管理困难是因为中小企业融资需求频率高，时间短。大银行的市场定位是大额的存贷款业务，因而对于贷款数额少、频率高、风险大、时间性强的中小企业贷款很少涉足。其次，银行经营的原则之一是安全性，要尽量减少呆账、坏账，而中小企业市场风险大，企业倒闭率高，财务制度不健全，资信状况堪忧，缺乏足额的财产抵押，银行考虑到安全性因素对中小企业惜贷、惧贷。

据中国人民银行的调查显示，目前我国中小企业普遍资金紧张，其中八成以上流动资金不能满足需求，超过六成的企业没有中长期贷款。高收益低。据有关调查，中小企业贷款频率是大企业的 5 倍，而户均贷款数量仅有大企业的 0.5%；银行对中小企业贷款的信息成本和管理成本是大企业贷款的 5~8 倍。[①] 成本收益不对称造成更多的资金涌向大企业。

4. 股权融资受过多因素制约。中小企业的股权融资受过多因素制约，不能有效地发挥作用。我国对股票融资渠道制订了严格的准入条件，中小企业因净资产规模、信用等级、融资额度不达标，资产评估、信息披露费用昂贵等原因难以涉足其中。虽然香港的一板市场提供了新的融资渠道，2004 年 6 月 25 日，我国的中小企业板在深圳证券交易所也已正式启动，但截至 2011 年 11 月底，辽宁省获准发行上市的企业也仅有 10 家。因此，绝大多数中小企业不能进入公开的证券市场进行股票融资，通常只在发起人、相关部门和内部职工之间认股，这在一定程度上限制了中小企业的融资范围。此外，中小企业自身发展的特点使得非流通股份控股上市公司、在二级市场收购流通股份控股上市公司或者借壳上市等融资方式难以实现。而目前，能进入"二板市场"进行融资的中小企业更是凤毛麟角。据统计，美国、日本和法国发行有价证券的中小企业分别占中小企业总数的 15.8%、46.6% 和 23.2%，而我国仅为 2.12%[②]。

① 徐洪水. 中小企业融资难：金融缺口和交易成本最小化 [J]. 金融研究, 2001 (11).
② 刘旭宁, 王海勇. 中小企业融资困难的成因分析与改革思路 [J]. 山东经济战略研究, 2005 (12).

辽宁省仅有 4 家中小企业上市，占比更低。

5. 债权融资难以拓展。我国目前实行"规模控制、集中管理、分级审批"的管理模式，由于受到发行规模的严格控制，中小企业很难通过发行债券的方式直接融资。同时，即使中小企业获得了一定数量债券的发行额度，由于中小企业规模小、信用风险大等自身特点，投资者由于对其投资信心不足，也很难实现融资。再者，国家规定企业债券利息征收所得税等政策，也限制了投资者的积极性。

6. 在一定程度上依赖非正规金融借贷渠道。由于信息相对封闭、资产抵押能力弱等局限，中小企业从银行等正规金融机构获得融资面临较大的约束。企业的融资时效性要求迫使中小企业更多地求助于手续简便的商业信用和民间借贷等非正规金融机构。虽然这些渠道的融资成本往往高于金融机构的融资成本，但它们能更好地适应中小企业经营灵活性要求。除商业信用外，民间借贷等各种非正规金融活动也是中小企业融资的重要补充。非正规金融的最大优点是借贷过程简便迅速，能满足中小企应急的资金需求。

7. 结构性矛盾突出。从不同企业规模的融资便利程度看，存在着一部分中型企业融资问题基本缓解与绝大多数中小企业融资依然十分困难的矛盾。从信贷资金供给的期限结构看，存在着短期资金供给相对充裕与中长期投资性资金供给严重不足的矛盾。从内外源融资结构关系看，存在着对内源融资过度依赖和外源融资相对不足的矛盾。从融资方式看，存在着对债务性融资过度依赖与权益性融资市场开发相对不足的矛盾。

中小企业无论是间接融资还是直接融资，都受到外部和内部多种因素制约，这些因素往往交织在一起，加大了中小企业的融资难度和融资成本。

第四节　辽宁省中小企业融资困境的成因分析

辽宁省中小企业融资依然存在着诸多困境，融资难仍然是制约辽宁省中小企业发展的主要瓶颈。导致辽宁省中小企业融资困境的原因有很多，既有中小企业自身方面的原因，也有政府、金融机构等其他因素的影响，然而，这些影响因素的背后却有着更为深刻的制度根源。在此，笔者试图借助制度经济学的视角，对辽宁省中小企业的融资困境的成因展开分析，希望能够为制定政策提供依据。

一、产权制度的缺陷对辽宁省中小企业融资的制约

产权是产权经济学的重要概念。产权不是关于人与物的关系，而是指由于物的存在和使用而引起的人们之间的一些被认可的行为关系。这种行为关系用来界定人们在经济活动中如何受益、如何受损以及他们之间如何进行补偿的规则。产权制度则是指以产权为依托，对财产关系进行合理有效的组合、调节的政治制度安排。

根据现代产权理论，一个合理的产权制度应包括以下三个方面：产权的明确界定，即资源的产权属于具体的所有者所有；产权可以在市场上自由交易，这种交易既可以是产权束中的全部权利的交易，也可以是产权束中部分权利的交易；产权所有者的收益得到法律的有效保护。这三个方面相互作用，缺一不可。合理的产权制度明确界定了人们利用资源的权利及获益或受损的界区，使每个经济当事人使用资源或从事经济活动的全部成本和收益都内部化地由自己所承担或获得，从而产生一种有效的约束，促使人们尽量减少资源利用或经济活动的成本，避免从事无效率的经济活动，同时也自动产生一种有效的刺激。因此，这样的产权制度有利于形成有效的激励和约束机制。

（一）辽宁省中小企业的产权制度缺陷对中小企业融资的制约

企业产权制度与企业规模具有一定程度的对应关系。尽管到 2006 年底，辽宁省 485 户国有中小工业企业已经全部完成了产权制度改革，但是，从整个辽宁省中小企业的总体来看，以股份有限公司形式存在的中小企业依然很少。到 2010 年，辽宁省中小企业中股份有限公司类型的中小企业共计 32 914 个，占全部中小企业总数的 1.8%；大部分中小企业仍然是单一业主制企业和合伙制企业，约占辽宁省中小企业总数的 90% 以上；仅有部分为有限责任公司，共计 71 338 个，占全部中小企业总数的 4%[①]。而不同的产权制度对中小企业资金筹集产生了不同的制约作用。

1. 单一业主制企业的产权制度障碍。单一业主制企业的生产资料由业主一人投资，所有权归其所有，在法律允许的范围内，业主对企业享有完整的产权。由于经营者和所有者是统一的，因此，在追求利润最大化的目标上并不存在冲突。但是，单一业主制企业也有其比较明显的缺点：单一业主制企业只有一个投资者，单个投资者的资金毕竟有限，如果这个投资者没有足够的经济实力作为后盾，那么以自我积累为主的积累机制为企业发展提供资金以及通过借

---

① 资料来源：《辽宁省民营经济及乡镇企业统计资料汇编（2010）》。

贷方式筹集资金也常常不能如愿。单一业主制企业很难以企业身份从金融市场上直接融资，因为金融市场依赖可靠的财务信息对企业风险作出判断，然后决定资金的价格，但这种企业的财务信息往往可信度低，金融市场就难以给出合理的定价，于是通过金融市场融资的成本就相对较高。没有相当数量的资金，生产经营规模势必受到限制，不可能快速发展。

企业所有权和经营权高度统一的产权结构，虽然使企业享有充分的自主权，但这也意味着这种自然人的企业，业主存亡决定了企业的存亡，这种对自然人的人身依附关系，使企业的生命周期受到人为的限制，从而造成资源配置的非连续性。同时，这种家庭持有的产权经常是封闭型的，既不愿外界前来参股，也不打算走产权多元化的道路。企业的发展主要依靠自身的积累和再投入，这就大大限制了企业的继续扩展。

2. 合伙制企业的产权制度障碍。合伙制是指两个或两个以上的个人按照合伙契约共同出资并经营的企业。随着出资人数的增加，在一定程度上突破了企业资金受单个人所拥有的量的限制，并使得企业从外部获得贷款的信用能力增强，扩大了企业的资金来源。但是，因为每个合伙人都对企业负无限的责任，企业规模扩大意味着每一个合伙人所承担的风险递增，从而会限制合伙人再进行新的风险投资。根据《中华人民共和国合伙企业法》的要求，合伙企业的重大决策（包括投融资事项）必须经过全体合伙人同意，那么，合伙人的融资决策还面临着很高的协商成本，这也决定了合伙制企业不可能有太多的融资需求。

3. 有限责任公司产权制度障碍。有限责任公司是指由法律规定的一定人数的股东出资组成，每一股东仅以出资额为限对公司的债务承担有限责任。相对业主制和合伙制企业形式，有限责任公司具有较清晰的产权关系。

但有限责任公司也并非尽善尽美，也有其不可避免的缺点：首先，由于股东人数受到严格限制，使得公司资金并不十分充裕，资金筹措范围较小，影响公司发展和股东的积极性；其次，股份的转让受到严格限制，不利于资金的合理配置和迅速流动，对于股东来说获得盈利所需的时间长，而且在一定程度上加重股东投资的风险，不能迎合投资者所希望的投资少、见效快的心态，因而所吸引的资金有限；再次，有限责任公司因为具有公司制企业的组织形态，对外只需要承担有限责任，因而经营者的风险偏好较前两者企业更高；最后，治理结构的不完善，也会导致这类企业内部人控制现象严重。因此，金融机构对其贷款时也很注意风险。

有效的产权制度可以避免企业行为的短期化、低效化以及融资行为的非规范化，而辽宁省中小企业的产权制度却严重制约了企业的发展壮大。由于中小企业产权制度的局限性，不同程度地受到小生产管理方式的束缚，缺乏现代化管理意识。普遍存在的家族封闭性、用人机制上的任人唯亲、经营决策上的独断专行，都形成企业的内耗。中小企业没有形成有效的自我积累机制，不利于内部资金的积累，同时也直接影响了企业的经营业绩，导致企业信用度低，限制了银行对中小企业的贷款额度。

（二）国有商业银行的产权制度的缺陷对中小企业融资的制约

1. 国有商业银行的产权特性决定了其对不同企业的贷款取向存在差异性。

在作为主要融资渠道的银行系统中，市场结构呈现出一种国有商业银行高度垄断的态势，非国有商业银行的发展受到了一定的限制与约束，其融资能力较弱。尽管到目前为止，我国的四大国有商业银行已经完成了改制工作，建立了产权明晰的公司治理结构，但是长期以来我国融资制度一直是以政府主导型的间接融资为主，国有商业银行承袭着历史遗留的大量政策性业务，对国有企业的贷款依然表现出明显的偏好性。由于国有商业银行与国有企业和国家财政在产权归属上长期以来形成的三位一体的制度惯性，因此，即使国有商业银行的产权已经得到了一定的改善，其在经营管理上却依然对国有企业的贷款表现出严重的偏好。

这一点，在辽宁省表现得更为突出。在振兴东北的政策环境下，国有大企业在银行贷款等方面都获得了政策的照顾和利益的眷顾，但中小企业却很少能够获得发展的机会。它们不仅难以获得贷款，而且在大企业获得振兴项目时也不能获得进行配套合作的机会。部分原因正是由于国有商业银行长期以来形成的制度惯性导致了对国有企业贷款的偏好和对中小企业的歧视。

2. 现行管理体制的缺陷。由于国有商业银行的产权特性，虽然国有商业银行按行政区划设置分支机构，但在现行管理体制下，分支机构的决策权很有限，重大项目的管理权限过度集中于上层管理部门，发放贷款的审批环节多，审批链条长，严重制约了基层银行放贷的积极性；严格的授权授信管理制度，客观上削弱了基层银行对中小企业的信贷支持能力。

同时，国有商业银行内部缺乏一个高效率的激励机制，集中表现为激励—约束不对称。当前，随着国有商业银行股份制改革的推进，银行信贷管理体制对贷款责任人的追究很重，增加了内部代理人的风险约束，导致普遍存在激励机制不健全的现象。管理人员为了追求资金的安全，必然会以稳健经营为原则，拒绝一些风险较大的中小企业融资项目。这些也在一定程度上束缚了国有商业银行对中小企业提供贷款的积极性。而且，银行对中小企业贷款的成本远比给大企业贷款的成本高，中小企业的贷款额度虽然不高，但麻雀虽小、五脏俱全，具体的发放程序和环节不可或缺 。另外，从商业银行不良贷款的成因来看，中小企业是造成商业银行贷款损失的主要对象。在已统计的商业银行贷款损失中，对中小企业发放的贷款损失率最高，这也动摇了商业银行对中小企业发放贷款的信心。

二、信用制度的缺失对辽宁省中小企业融资的制约

信用制度是指关于信用及信用关系的"制度安排"，是对信用行为及关系的规范和保证，即约束人们信用活动和关系的行为准则。这种制度安排既包括正式的，又包括非正式的。市场经济的基本特征是信用经济，一切经济活动的顺利进行都依赖于信用的保证。在中小企业融资活动中，由于资金需求方和资金供给方客观存在信息的不对称性，一般资金需求方比资金供给方更了解自己的经营状况、偿债能力；资金供给方为规避放贷风险，只对信用状况良好的企业给予授信，没有良好的信用基础，将导致经济资源的大量错位配置，道德风险放大，使信贷市场优胜劣汰的配置功能失效并削弱经济运行的微观基础。因此，信用制度的缺失制约着中小企业的融资，直接制约了中小企业的发展。狭义的信用缺失是指中小企业有还款意愿但没有还款能力或者是有还款能力但没有还款意愿而造成信用在内容上不完整，即"中小企业信用缺失"。广义的信用缺失包括整个社会缺少中小企业信用记录、信用征集、信用调查、信用评估、信用担保、信用管理等完善的中小企业信用制度体系。辽宁省中小企业信用缺失的表现有以下几点：

（一）中小企业融资信用征信系统发育程度低

信用征信系统的一个核心功能就是进行资信调查，即银行或企业委托中介机构对合作方（借款方）的资金和信用进行调查，为信贷或经营决策提供参考的一种活动。在融资和经贸活动中，依据权威性的资信调查作出相应决策，可以有效解决银行和企业的资信疑虑问题，降低交易成本。

当今西方发达国家有的以中央银行为主建立起了比较完善的国家社会信用征信体系，有的建立起了信用管理商业化运作的征信体系。根据相关信用管理的法律，信用调查公司可以通过各种合法途径收集和购买企业的信用信息，然后提供给银行或其他使用者，并收取费用，从而减少贷款调查、评审的费用和时间，使信用良好的企业和个人能够快捷地得到所需贷款。

近几年，我国建立的中央银行信贷登记咨询系统开展了对中小企业的征信工作，这项工作起步时间不长，商业化企业征信体系的发育程度还相当低，长

期以来在金融市场上仅仅是由银行根据自身发展需要开展资信调查。目前我国四大国有商业银行虽然都已不同程度地推行了中小企业征信制度，但是这种体系发育程度还很低，既没有纳入国家信用管理体系建设的系统工程，又缺乏一定的权威性、规范性和专业性，导致金融机构对中小企业资信调查的效率低。同时，这种基于各个银行机构内部以及人民银行征信系统的调查只是一种被动调查，缺乏基于市场化的商业运作行为对中小企业的信用情况展开的主动性调查。

2007 年 12 月 12 日，辽宁省信用协会的成立虽然使得辽宁省信用征信系统的发展向前迈进了一步，但是，截至 2010 年底，通过征信系统所采集到的信息依然十分有限：企业 44 万家，个体工商户 97 万户，机构和社会团体 7 432 个①。这同辽宁省 178.1 万户民营中小企业的绝对数量相比，征信工作的开展还只是万里长征第一步。而且，从所获得的征信信息的质量来看，信息滞后是普遍现象，根本无法满足商业银行对中小企业授信所需要的信息需求。这一方面与信用征信系统的非商业化运作有关，另一方面也与中小企业普遍对征信体系的不重视有关。

（二）缺乏比较完善的中小企业信用评估体系、担保体系以及必要的银行信用共享体系

企业信用等级是企业信用的"名分"，即没有得到恰当的信用评级，就会致使金融机构由于担心中小企业的信用问题。导致银行可能宁愿不贷款也不愿承担信用风险。因此，完善的信用评估和担保体系对于拓宽辽宁省中小企业的融资渠道有着重要的意义。

然而，辽宁省现有的企业信用评估体系缺乏专门的权威性的大型信用评级机构，一般只是由一些规模较小的会计师事务所或审计师事务所按照执业要求部分地承担信用评级职能，而且管理不完善，政府对其约束也有限，容易产生评信机构不守信的现象。此外，辽宁省还没有设立专门为中小企业融资服务的信用评估机构，在理论上也缺乏比较完善的中小企业信用类别的理论与方法。现行这种信用评估体系既适应不了金融市场发展的要求，也适应不了企业融资的需要，这势必会影响中小企业的发展。另外，从信用担保体系来看，辽宁省中小企业信用担保体系的建立，目前虽有初步的成果，但由于尚处于起步阶段，因此还存在许多问题。如地方信用担保机构规模普遍偏小，对中小企业贷款支持力度有限；担保机构定位不明确，缺乏法律明文规定；担保对象充满不

---

① 资料来源：辽宁企业信用网。

确定性，无法发挥政策的引导效果；担保机构资金来源过度依赖财政拨款，缺乏民间资本的介入和缺乏市场化运作；部分担保机构过度防范风险，影响信保效果的扩大；等等。最根本的问题仍然在于，整体社会风气造成信用危机，危及信用担保制度的健全发展。

上述分析表明，由于缺乏比较完善的中小企业信用评估体系和担保体系，造成投融资双方信息不对称，非对称信息使银行难以了解中小企业的真实信用状况和偿还能力，为避免因中小企业经营风险过大和逃债而造成贷款损失，银行势必减少对其的融资行为。同时，由于没有建立起一套完整而科学的信用调查和评价体系，导致企业的信用状况得不到科学、合理的评估，市场不能发挥对信用状况的奖惩作用，也势必造成企业缺乏加强信用管理的动力①。此外，由于缺乏必要的银行信用共享体系，从而导致一些企业从一家银行融资后，再采用各种手段从另一家银行申请贷款甚至骗取贷款，由于信息不畅，这些非法行为屡屡得逞，这些现象也是导致辽宁省一些中小企业企业失信于银行的原因。

（三）中小企业融资信用管理的法制建设不到位

目前，美国企业的平均坏账率只有 0.25% ~ 0.5%，信用交易成本只有 3%，而根据国家统计局数据显示，目前我国企业平均信用交易成本是销售收入的14%②。我国正处在计划经济向市场经济转轨时期，体制尤其是法律制度尚不完善，法律建设滞后，缺乏有效的法律环境的配合，已成为我国中小企业信用制度建设的一大障碍。

辽宁省中小企业信用法律法规建设中至少存在以下主要问题：

1. 有关信用的法律法规不健全。虽然《中华人民共和国民法通则》、《合同法》、《反不正当竞争法》中都有诚实守信的法律原则，但并没有形成一套一体化的有关中小企业信用交易、信用管理的法律体系，现有的法律对契约关系的维护、对债权人的保护力度也不够。

2. 一些与中小企业信用制度建设密切相关的法律法规尚未出台，立法滞后。

如关于中小企业信用担保机构的相关立法及信用担保机构的风险补偿机制及再担保基金制度的建设等都缺乏相应的专门立法，这在很大程度上限制了中

---

① 徐志，麻智辉. 中小企业信用缺失的危害及对策研究［J］. 中国流通经济，2007（9）：30 - 34.

② 陈晓红. 中小企业融资创新与信用担保［M］. 北京：中国人民大学出版社，2001.

小企业信用制度的建设与规范。

3. 对现有法律执法不严的情况也在很大程度上存在。一方面，在司法过程中某些基层执法部门受当地企业与政府影响，有意偏袒本地企业而损害银行或其他企业等债权人的利益；另一方面，即使债权人通过法律手段胜诉，在执行判决时也往往有理无利，从而导致失信企业逃脱应有的经济制裁，守信企业的正当权益得不到有力的保护，司法权威也遭遇严重挑战。

4. 中小企业信用激励与惩罚制度建设滞后。首先，中小企业信用的激励制度不完善，如诚实守信的中小企业在获得公司股票上市、企业债券发行、较高的银行信用额度以及更优惠的利率安排或更宽松的经营范围等方面并没有明显的优势。作为理性的经济主体，面对这种失信成本低于守信收益的情况，很自然就会形成一种失信倾向。因此，这种不合理的制度安排会对中小企业行为产生不良的诱导作用，使失信中小企业驱逐守信中小企业，进而导致守信中小企业被挤出市场或最终自动放弃守信原则（"劣币驱逐良币"）。

其次，中小企业信用的惩罚机制不完善。一方面，行政司法部门执法不严，地方保护主义盛行，触犯刑事犯罪的失信行为得不到相应的惩罚；政府对信用市场的监督管理也很薄弱，尤其是对从事中小企业信用信息服务的中介机构如会计师事务所、审计师事务所、律师事务所、征信机构、信用评级机构等缺乏监管，造成虚假信息盛行。另一方面，市场执法也软弱，社会缺乏对中小企业失信行为的存档机制和传播途径，缺乏约束中小企业经营交易行为、维护交易对手方面的信用状况的制度安排，结果导致失信中小企业能够逃避社会的谴责和惩罚而为所欲为。

三、信息不对称对辽宁省中小企业融资的制约

（一）信息不对称导致银行对中小企业实施信贷配给

在直接融资渠道不畅的状况下，绝大部分中小企业都会在相当程度上通过间接融资方式，向以银行为主体的金融中介机构进行资金借贷，以维持自身生产经营或者投资新项目的需要。然而，银行在向企业发放贷款时，出于资金安全性、盈利性与流动性的考虑，通常会对企业实施信贷配给，在银行严格的信贷配给机制下，中小企业与大企业相比处于极为弱势的地位，成为银行信贷配给的主要实施对象。

信贷配给是指在确定的贷款利率条件下，信贷市场上商业贷款的需求超过供给，商业银行通过非价格手段（商业贷款利率），部分地满足贷款需求的一

种市场行为。它包括两种情况：一是对不同的借款者群体实行差别待遇，即在所有贷款申请人中，一部分人得到贷款，而另一部分人被拒绝，被拒绝的人即使愿意支付更高的利息也不可能得到贷款；二是对所有的借款人群体进行配给限制，即对于一个给定申请人的借款要求只能得到部分的满足（如申请200万元，只能得到100万元），这种形式的信贷配给在改革开放初期投资需求旺盛时是最常见的现象。近些年来，银行和金融机构的信贷文化有所转变，信贷活动中更加强调安全和稳健原则后，第一种信贷配给则更加普遍。具体体现就是：在同等风险等级下，银行更愿意向大企业提供信贷，而对中小企业则实行信贷配给。这一点，在辽宁省表现得更为明显，东北老工业基地振兴以来，金融机构更倾向于对国有大企业进行贷款，而对中小企业则普遍实行信贷歧视，这部分的原因正是由于信贷配给的普遍存在。

1. 信息不对称使银行出于成本效益考虑而惜贷。银行信贷不同于一般的金融交易，它是以信用为基础的资金所有权和使用权的暂时分离，交易要基于贷款方对借款方的信用和偿还能力以及投资项目的收益性、风险性等信息的了解，因此它基本上可以看做一套处理信息的过程，从收集信息到分析信息、追踪信息的变化，处处以信息为基础，这些处理信息的支出构成了银行的经营成本。大型企业运作规范、透明，信息易于取得，且贷款金额大，因此，银行对企业的调查和监控成本低，且这些固定成本由于贷款规模大而被摊薄，即存在规模效应。而与大企业相比，中小企业与银行之间的信息不对称较为严重，这主要表现在：中小企业缺乏大企业丰富多样的抵押品，信用等级差；中小企业一般处于竞争比较激烈的行业，因此不愿意接受一个透明度过高的融资合约；中小企业财务报表不如大企业那样规范清晰；中小企业不会因为数目不大的借款而花费大量成本用于信息的收集、披露以及信号发送等活动。中小企业的这些特点使得它们在生产经营上面临较大的风险，这种经营风险很容易通过财务风险转化为信贷风险；与大企业相比，中小企业信息透明度差，尤其是财务信息的失真，加大了银行进行信息甄别的难度，逆向选择和道德风险问题更为突出，所以商业银行对中小企业的贷款往往采取十分谨慎的态度，在实施信贷配给时将中小企业作为配给的主要对象。

2. 即使银行愿意贷款，信息不对称也将使中小企业面临信贷配给的困境。根据古典经济学理论，在对称信息、完全竞争、生产要素自由流动的完善市场条件下，信贷市场的价格杠杆——利率会调节信贷资金的供求，使得信贷市场是出清的，并产生瓦尔拉斯均衡，信贷资源配置达到帕累托最优状态。但是，现实中的信贷市场是信息不对称的，银行无法准确度量中小企业的个别风险，只能通过在贷款利率中加入具有补偿性质的"风险溢价"来保证收益。然而，贷款利率的提高必然导致信贷市场风险结构的变化，寻求贷款的中小企业从整体上呈现高风险特征。第一，信贷市场将出现逆向选择。根据 Stiglitz 和 Weiss（1981）的研究，当银行与中小企业存在信息不对称时，银行若为了控制信贷风险，达到收益最大化而提高贷款利率，虽然一方面使银行收益增加，但另一方面也使成功申请贷款的最低风险水平上升，这样就会使部分低风险申请贷款的中小企业退出信贷市场，从而使申请贷款企业的整体风险上升，这将可能降低银行的预期收益，使银行处于两难选择的境地。第二，在契约不完全和银行监督非有效时提高贷款利率，道德陷阱的存在可能把中小企业吸引到高风险项目上去。换句话说，提高利率客观上激励了借款者从事高风险项目投资，从而降低银行收益。因此，由于信贷市场平均风险上升，银行贷款收益并不总是贷款利率的单调递增函数，这就意味着：当信息不对称时，银行将制定比出清水平低的利率政策并对中小企业实行"信贷配给"，即仅有少部分的中小企业能获得信贷，整个市场处于非出清均衡状态。

3. 交易成本与信贷配给。非对称信息下的交易成本主要表现在两个方面：一是为了使银行了解自己的能力、项目质量以及资金用途，企业不得不花费大量的时间和精力用于收集、披露以及信号发送等活动；银行为了准确地了解这些信息也同样要付出时间和精力。二是不确定性使得银行需要企业在融资时签订一个接近完备的合约，并对企业的各种可能行为作出严格的约束，以避免因逆向选择和道德风险给自己带来损失，这大大增加了企业和银行双方的交易成本。

与大企业相比，中小企业与银行之间的信息不对称更为严重，融资过程中所产生的交易成本也更高。正是这种交易成本的差异，使得中小企业在面对银行信贷配给机制时受到制约，处于弱势地位，往往被优先"配给"出信贷市场。

（二）信息不对称对中小企业融资担保的制约

由于信息不对称产生的逆向选择问题和引发的道德风险，信用担保中，担保人以自身的信用价值承担债务人的信贷风险，实际上是一种风险转移行为。它意味着由信息不对称所产生的风险由信贷市场转移到信用担保市场上。由此引发的逆向选择问题和道德风险在信用担保市场不仅依然存在，而且更加严重。

逆向选择在信用担保市场上表现为那些具有最大风险的企业往往最积极地寻求信用担保并最有可能取得担保的情况，而低风险企业选择退出信用担保市场，这样担保市场由于恶性循环而最终萎缩。

道德风险在担保市场上是指被担保人获得信用担保后会产生一种依赖心理或者思想上的麻痹大意，降低其防范风险的努力以及偿还贷款的动机。一方面是因为担保服务弱化了对被担保人的有效激励和约束机制；另一方面，担保人不能获知被担保人的全部有关行为，因而也无法通过事后监督有效地规避风险。同时，风险的转移，银行也会对担保人产生依赖心理，降低对贷款人的审查和监督动机。这样，债权人和债务人都把风险转嫁到担保人身上，必将危及担保人的生存。

目前，由于信息不对称导致辽宁省民营中小企业在融资担保中存在着一系列的问题，具体表现为：

1. 担保资金不足。如辽宁省尽管担保机构在不断壮大，但是大多数担保机构的注册资金只有 300 万 ~ 500 万元。而且，绝大多数的担保资金来源依靠财政拨款，这根本无法满足中小企业资金缺口的增长需求。

2. 行政干预仍然突出。由于多数担保机构都是由地方政府独家投资和部门直接运作，造成担保机构很难与主管部门脱钩，地方政府首长和部门负责人行政干预经常发生。

3. 担保机构定位不准。在政府设立的担保机构中，有一些是明确为中小企业担保的机构，实际上也从事着对大企业以及对地方公用事业项目的担保，有的甚至开展对个人消费贷款担保的业务。

4. 银行与担保机构之间关系难以协调，信息无法共享。由于全国性的担保体系尚未完全建立，缺乏担保机构和再担保机构之间的责任分担机制。大部分银行，特别是国有商业银行，不愿与担保机构分担责任风险，要求担保机构为贷款本息提供 100% 担保，同时由于缺乏社会信用体系，银行的企业信贷登记咨询系统不能形成信贷资源的共享。

5. 部分担保机构存在违规经营。一些担保公司在开展担保业务的同时，还从事证券投资、风险投资等业务。一些政府出资组建的担保机构将大部分政策资金用于产业投资、风险投资等，用于支持中小企业发展的资金所剩无几。

四、政府干预的不完美性对辽宁省中小企业融资的制约

政府失灵是同市场失灵相对而言的，是指政府在力图弥补市场缺陷的过程中产生的另外一种缺陷，即政府活动的非市场缺陷。也就是说，政府为了克服市场功能缺陷所采取的立法、行政管理以及各种经济政策手段，在实施过程中往往会出现各种事与愿违的结果和问题，最终导致政府干预经济的效率低下和

社会福利损失，在转型时期的中国，市场失灵与政府失灵同时存在，政府为了弥补市场失灵而采取的干预政策往往由于政府失灵又导致更大的市场失灵。

理论和实践都证明，政府并不是全知全能、完美无缺的，它也会由于自己的缺陷而产生失误，即政府失灵。政府失灵并非鲜见的现象，尤其是在混合型体制（政治体制和经济体制都处于传统和现代并存交替之中）的国家，政府失灵具有更高的发生概率。辽宁省目前正处于经济转型时期，随着振兴东北老工业基地改革的深入，现阶段的政府失灵现象除了具有一般意义上的表现与原因之外，更有其特殊的背景与根源。随着社会的全面、协调、可持续发展问题日益引起人们的关注，随着从"经济建设型政府"向"公共服务型政府"转变日益成为社会的共识，辽宁省政府改革面临着重大的机遇与挑战。

政府失灵有着多种表现形式。从最广泛的意义上理解，凡是政府行为导致结果不如意、效率低下和福利损失，均可视为政府失灵。在中小企业融资方面，政府的失灵主要表现在以下几个方面：

（一）金融市场政府干预过多

金融市场最基本的功能，从经济学的角度讲不是融资而是为了资产的收益和风险定价，以便全社会在价格的指导下进行资源的配置。而我国金融市场中政府干预过多，导致金融市场效率低下。因为政府既是金融市场的参与者，市场的组织者，同时又是市场的监管者。这种三位一体的身份，使得政府越界选择行为的机会大大增加。

（二）政府在金融体制设计上存在缺陷

我国现行的金融体系建立于改革开放初期，基本以服务国有经济的国有银行为主，缺乏与中小企业配套的中小金融机构，当我国的经济成分呈现多元化态势时，各个不同的经济主体在融资中应占据不同的位置的问题没有得到解决，经济结构与金融结构的不对称性、信贷结构与需求的不对称性就日益显露出来。

政府在金融体制设计上最主要的缺陷在于国有商业银行的市场定位是为国有大中型企业服务。近年来，银行实行市场化的资产负债风险管理，把清理金融资产、降低不良贷款作为工作重点。因此银行普遍上收和集中了信贷管理权，实行集约化经营，最大限度地压缩风险资产的比重，这样银行就把注意力转向大客户、大企业。同时，银行的呆坏账的核销是以所有制来划分的。政府可以为国有大型企业的呆坏账提供担保，而民营企业却无法享受这种担保，由于信息的不对称，银行为了减少贷款风险，出现"惜贷"现象。

（三）政府对股票市场长期形成的"隐性担保"机制，制约了股票市场的发展

我国的股票市场在建立最初的目的是配合国有企业的股份制改革，并不是处于筹集资本的目的。只是随着商业银行的不良贷款和金融风险的增加，政府为了解决国有企业高负债和融资困难以及降低国有银行的信用风险，我国的股票市场才有了真正意义上的回归。但是，这种回归却只是以国有企业为对象，民营企业几乎是被排除在股票融资体系之外的。政府采取的原来的计划审批制度，确保资金流向国有大中型企业。股票上市的标准是民营企业难以达到的，尤其民营中小企业。因此，我国的股票市场长期以来并不是完全意义上的股票市场，而是行政化的市场。另外，政府还采取以国家信用为股票市场的发展做担保，来弥补股票市场不发达、产权制约弱、潜在风险大而导致的股票市场融资资源不足的缺陷。这些过于浓厚的行政行为使得我国股票市场存在着"隐性担保"问题，这种"隐性担保"引发了国有企业、民营企业对直接融资成本的不同评价，从而导致了阻碍民营企业上市融资的逆向选择现象。不少进入股票市场的是业绩很差的国有企业，而绩效优良的民营企业却难以进入股票市场进行融资，市场资金持续大量地流入业绩很差的国有企业。我国股票市场的这种逆向选择现象并非 Akerlo、Rothsehild 和 Stiglitz 等人所认为的"信息不对称"的原因，而是由于股票市场政府的"隐性担保"所引起的国有企业和民营企业对直接融资成本的评价不同造成的。

上市融资的成本包括：第一，"恶意收购"，这是一种隐性成本。即上市公司如果效益不佳，就有可能被其他投资者"恶意收购"，这给上市公司带来很大的压力。第二，上市评估和信息披露的成本，这是一种显性的成本。对于上述成本，国有企业和民营企业采取的是不同的态度。对于国有企业来说，可以将成本转嫁到国家信用上去，即融资成本外部化。融资成本外部化有三条途径：一是由于国有企业的"一股独大"的股权结构，而且大部分国有股不在市场上流通，所以即使业绩很差，也没有"恶意收购"的顾虑。二是政府的隐性担保，给投资者比较稳定的预期收益，阻止投资者的资金撤离，更加避免国有企业被"恶意收购"的可能性。三是即使国有上市公司出现问题，政府也会出面进行"资产重组"，使得这些公司的各种显性成本转嫁到国家信用身上，国有上市公司直接融资成本大为减少，甚至为零。而民营企业却不受国家的行政保护，既无法消除由于股票下跌而面临被"恶意收购"的可能，而且，一旦面临 ST、PT 或者被摘牌的命运时，很难指望政府出面组织"资产重组"，来改变被"恶意收购"的命运。因此，民营企业上市融资的隐性成本和显性

成本全部要由自己承担。

正是由于国有企业和民营企业对融资成本的不同评价，国有企业上市融资的积极性明显高于民营企业，表现在股票市场就是在上市公司中，国有上市公司占有90%以上的比重，大量资金流入业绩不好的国有公司，逆向选择十分明显。这极大地制约了中国股票市场的发展。

（四）政府对企业债券的过度限制是导致企业债券市场发展落后的主要原因

我国企业债券市场发展落后有多方面的原因，既有金融体制不健全的原因，也有企业自身素质的原因，还有政府政策导向的原因。笔者认为，政府的政策导向是导致我国企业债券市场发展落后的主要原因。

我国的企业债券市场在弥补中央财政赤字、加强基础设施建设、扩大内需等方面发挥着重要作用。但是，由于政府担心企业债券市场融资过多会冲击银行信贷市场，扰乱金融秩序，因此反映在金融体制和制度上就是有许多限制和束缚：比如政府控制过多过死，审批机构多，手续繁杂；发行企业债券的市场资格审查比银行贷款更严格、门槛更高；政策不稳定，发行规模时大时小，审批标准前后不一致；影响企业发行企业债券的积极性；企业债券的利率被严格控制；等等。

另外，由于在计划经济体制下，我国建立起了纵向的社会信用体系，纵向的社会体系使社会大众对国家高度信任。这种纵向的信用体系有助于社会经济的发展。但是，国家也为这种信用体制承担着巨大的成本。现在要发展金融市场，急需的社会横向信用却极度缺乏，突出表现就是各种赖账、逃废债务和各种"三角债"，拖欠成为普遍的企业行为，这严重制约了我国企业债券市场的发展。

（五）政府充当风险投资的主体，导致我国的风险投资体制发育不全

风险投资（Venture Capital）是一种职业金融家向新的、迅速发展的、有巨大竞争潜力的新兴中小企业或产业（一般为高科技企业）投入权益资本的行为。风险投资被誉为高新技术产业的"孵化器"和经济增长的"发动机"。它通过特殊的组织机制将各种社会闲散资金聚集起来，用一定的方式投入风险企业，并投入专业化的管理，促进风险企业成长壮大，同时也实现自身的资本增值。风险投资的运作过程是"融资—投资—退出"不断循环的过程。在这个过程中，融资是先导，解决风险投资的资金来源问题是风险投资业发展的关键因素。对我国高科技民营中小企业来说，获得风险投资是一条简便可行的融资渠道。但是，由于我国风险投资体制发育不完善，一定程度上阻碍了民营中

小企业的融资。

我国风险投资业的发展开始于 1985 年，至今也仅有二十多年的发展历程，规模较小，运作也不完善，基本处于发展初期，传统计划经济下投资融资体制因素的制约仍很深。我国风险投资的来源主要集中于政府财政拨款、国有大型企业和科研单位自筹资金以及与高新技术产业化相关的金融机构，另外还有来自国外的风险基金，来自民间投资主体直接投资的比重仍然偏低。在以政府为主体的风险投资中，存在投资总额不高、投资能力有限、民间资本不足等问题。

政府成为风险投资主体带来两方面的误区：一是政府财力无法满足风险投资发展的需要；二是政府成为风险投资主体会使我国风险投资中政府的干预行为严重，不利于风险投资事业的发展。

第三章

辽宁省中小企业融资研究设计

第一节 辽宁省百强中小企业融资研究架构与假设

一、辽宁省百强中小企业融资研究架构

（一）辽宁省百强中小企业特征

根据辽宁省中小企业厅颁布的《辽宁省综合实力"百强"非公有制企业发展规划》，只要企业具有较强的经营能力以及较强的技术创新能力，其主导产业有较高科技含量，市场发展前景较好，主导产品符合国家产业、环保等政策要求；企业的公司治理结构比较规范，产权结构合理、清晰，建立了一套比较完善的财务制度、内控制度、监督制度等管理体制、运行机制；企业发展战略目标明确，有切实可行的建设项目做支撑；企业具有较高素质的领导人和经营管理者团队，管理层具有相对的稳定性；企业应符合现行国家大型企业划分标准，企业年销售收入（销售额）须达到 10 亿元以上，年上缴税金须达到 5 000 万元以上，符合以上基本条件即可列入辽宁省百强中小企业。

辽宁省上下围绕振兴辽宁省老工业基地的总体目标，以发展为主题，2010 年共实现民营经济增加值 11 058 亿元，增长 23%，占全省经济总量的 52.6%，为辽宁省经济又好又快发展作出了重要贡献。与此同时，一大批民营企业迅速成长，成为拉动地区经济增长的龙头和中坚力量，塑造了辽宁省民营中小企业的新形象。

1. 百强民营中小企业总体实力显著增强。2010 年营业收入百强民营中小

企业共实现营业收入 5 152.68 亿元，比上年净增 664 亿元，增长 33.6%，高于全省民营经济增幅 12.6 个百分点，占全省民营经济的比重达 10.8%，比上年提高 0.9 个百分点；户均营业收入 51.5 亿元，比上年增加 6.6 亿元；营业收入百强中第 100 位的企业营业收入为 15.1 亿元，比上年增加 3.6 亿元；营业收入超 100 亿元的企业 11 户，比上年增加 4 户。大连万达集团股份有限公司以 770 亿元列全省营业收入百强民营企业之首；西洋经贸集团以 240 亿元排名第二；福佳集团以 230 亿元排名第三。

从营业收入百强企业的地区分布情况看：大连 29 户，沈阳 15 户，锦州 10 户，营口 10 户，鞍山 9 户，辽阳 7 户，盘锦 5 户，丹东 5 户，铁岭 4 户，抚顺 2 户，凌海 1 户，阜新 2 户，朝阳 1 户。

从营业收入百强企业的行业情况分布看：制造业 85 户，实现营业收入 2 117.4 亿元，占百强企业的 80.6%；建筑业和房地产业 12 户，营业收入达 410.8 亿元，占百强企业的 15.6%；批发零售业 2 户，营业收入达 89.4 亿元，占百强企业的 3.4%，交通运输业 1 户，营业收入达 9.1 亿元，占百强企业的 0.4%。

2. 百强民营中小企业社会贡献进一步增加。2010 年百强民营企业共上缴税金 317.6 亿元，比上年增长 31.9%，占全省民营经济上缴税金的 17.4%；户均上缴税金 3.2 亿元，比上年增加 0.3 亿元；上缴税金百强中第 100 位的企业纳税为 5 905 万元，比上年增加 727 万元。大连万达集团股份有限公司以纳税 95 亿元列全省上缴税金百强民营企业之首，比上年增长 46.3%；福佳集团有限公司以 26.8 亿元排名第二；辽宁忠旺集团以 17.4 亿元排名第三。

从上缴税金百强企业的地区分布情况看：大连 29 户，辽阳 10 户，沈阳 9 户，鞍山 9 户，本溪 8 户，盘锦 6 户，葫芦岛 6 户，抚顺 5 户，锦州 5 户，朝阳 5 户，营口 4 户，丹东 2 户，铁岭 2 户。

从上缴税金百强企业的行业分布情况看：制造业 82 户，上缴税金 94.6 亿元，占百强企业的 76.2%；建筑业和房地产业 15 户，上缴税金 27 亿元，占百强企业的 21.8%；批发零售业 2 户，上缴税金 2 亿元，占百强企业的 1.6%；交通运输业 1 户，上缴税金 0.4 亿元，占百强企业的 0.4%。

3. 百强民营企业对外开放度进一步提高。2010 年出口产品交货值百强民营中小企业共实现出口产品交货值 475.7 亿元，比上年增长 17.5%，占全省民营经济出口产品交货值的 37.1%；户均出口交货值为 4.76 亿元，比上年增加 0.6 亿元；出口产品交货值百强中第 100 位的企业出口交货值为 1.8 亿元，比上年增加 0.15 亿元。辽宁忠旺集团有限责任公司以出口产品交货值 47 亿元列全省出口产品交货值百强民营企业之首，比上年增长 70.6%；大杨集团有限公司 35 亿元排名第二；沈阳远大企业集团以 18.6 亿元排名第三。

从出口产品交货值百强企业的地区分布情况看：大连 31 户，营口 19 户，葫芦岛 8 户，丹东 7 户，锦州 7 户，沈阳 6 户，鞍山 6 户，抚顺 6 户，辽阳 5 户，朝阳 3 户，阜新 2 户。

4. 百强企业吸纳从业人员明显增加。2010 年从业人员百强民营中小企业共吸纳就业 50 万人，比上年增长 13.9%，占全省民营经济从业人员的 4.6%；比上年提高 0.4 个百分点；户均从业人员 5 000 人，比上年增加 550 人；从业人员百强中第 100 位的企业从业人员为 1 751 人，比上年增加 96 人。辽宁省兴隆大家庭商业集团以 4.6 万人列全省从业人员百强民营企业之首，比上年增长 10%；大连万达集团股份有限公司以 3.1 万人排名第二；沈阳北方建设股份有限公司以 1.8 万人排名第三。

从从业人员百强民营企业的地区分布情况看：大连 28 户，沈阳 12 户，鞍山 10 户，辽阳 8 户，葫芦岛 7 户，营口 6 户，铁岭 6 户，朝阳 6 户，抚顺 5 户，本溪 5 户，丹东 4 户，盘锦 2 户，锦州 1 户。

从从业人员百强民营企业的行业分布情况看：制造业 69 户，从业人员 21.8 万人，占百强企业的 48.3%，其中劳动密集型企业从业人员比重占 30.9%；建筑业和房地产业 16 户，从业人员 10 万人，占百强企业的 22.3%；采矿业 11 户，从业人员 9.6 万人，占百强企业的 21.3%；批发零售业 3 户，从业人员 2.9 万人，占百强企业的 6.3%；交通运输业 1 户，从业人员 0.8 万人，占百强企业的 1.7%。

为深入分析辽宁省中小企业的融资结构、融资渠道和融资效率，选取来自辽宁省不同地市的百强中小企业做样本。通过对百强中小企业的三个角度分析，为设计辽宁省中小企业走出融资困境的路线提供思路。

（二）辽宁省百强中小企业描述统计

1. 地域分布。从营业收入百强企业的地区分布情况看：大连 29 户，沈阳 15 户，锦州 10 户，营口 10 户，鞍山 9 户，辽阳 7 户，盘锦 5 户，丹东 5 户，铁岭 4 户，抚顺 2 户，凌海 1 户，阜新 2 户，朝阳 1 户（见表 3-1）。百强中小企业的地域分布特点如下：

表 3 – 1　　　　　　　2010 年辽宁省营业收入百强中小企业名单

序号	企业名称	营业收入（万元）	所在地
1	大连万达集团股份有限公司	7 700 000	大连
2	西洋经贸集团有限公司	2 400 000	鞍山
3	福佳集团有限公司	2 301 336	大连
4	辽宁忠旺集团	1 596 736	辽阳
5	丹东日林实业集团有限公司	1 554 049	丹东
6	大连实德集团有限公司	1 287 896	大连
7	嘉晨集团有限公司	1 251 370	营口
8	抚顺新钢铁有限责任公司	1 206 074	抚顺
9	辽宁曙光汽车集团股份有限公司	1 120 000	丹东
10	沈阳远大企业集团	1 052 927	沈阳
11	逸盛大化石化有限公司	1 013 201	大连
12	营口青花集团	937 875	营口
13	辽宁兴隆大家庭商业集团	919 382	盘锦
14	后英集团有限公司	899 641	鞍山
15	大连金广建设集团有限公司	809 212	大连
16	大杨集团有限责任公司	754 791	大连
17	大连海川建设集团	754 791	大连
18	大连金广地产集团有限公司	676 960	大连
19	大连亿达房地产股份有限公司	610 122	大连
20	大连中远船务工程有限公司	604 447	大连
21	大连金玛商城企业集团有限公司	587 951	大连
22	宏光好运来集团	580 985	大连
23	辽宁禾丰牧业股份有限公司	563 253	沈阳
24	大连连王集团	542 863	大连
25	辽宁宝来石油化工集团有限公司	540 162	盘锦
26	九星控股集团有限公司	518 846	沈阳
27	开原鑫厚铜业有限公司	487 209	铁岭
28	辽宁天祥钢铁有限公司	480 700	铁岭
29	大连泰德煤网股份有限公司	444 568	大连
30	鞍山宝得钢铁有限公司	435 645	鞍山
31	盼盼集团	420 000	营口
32	辽宁兴华集团化工股份公司	419 172	辽阳

序号	企业名称	营业收入（万元）	所在地
33	青岛润泰事业有限公司沈阳分公司	415 078	沈阳
34	锦州沈宏实业集团有限公司	376 400	锦州
35	大连环宇阳光集团	372 670	大连
36	华锐风电科技（大连）有限公司	363 060	大连
37	沈阳北方交通重工集团有限公司	355 980	沈阳
38	沈阳北方建设股份有限公司	351 899	沈阳
39	锦州华龙铁合金厂	346 939	锦州
40	新东北电气集团凯富开关有限公司	341 621	营口
41	辽宁无线电工厂有限公司	340 000	大连
42	沈阳东和有机化工有限公司	335 518	沈阳
43	大连华丰家具集团有限公司	330 418	大连
44	沈阳东方钢铁有限公司	327 444	沈阳
45	辽宁金昌矿业有限公司	307 061	辽阳
46	大连阿尔滨集团有限公司	292 784	大连
47	三一重型装备有限公司	290 462	沈阳
48	鞍山轮胎厂	286 063	鞍山
49	大连三川建设有限公司	282 536	大连
50	辽宁万兴达集团	274 767	辽阳
51	朝阳金达集团	270 000	朝阳
52	大连信孚港务服务有限公司	268 458	大连
53	辽宁瑞纳斯铝业有限公司	266 133	营口
54	开原市大龙铜业有限公司	261 025	铁岭
55	辽宁宏冠船业有限公司	257 494	盘锦
56	辽宁太克液压机械集团有限公司	252 782	阜新
57	锦州华宇冶金有限公司	248 029	锦州
58	东港大无缝富安铜业有限公司	246 926	丹东
59	中国第一重型机械集团大连加氢反应器制造有限公司	243 909	大连
60	锦州新华龙钼业股份有限公司	240 007	锦州
61	辽宁凤辉实业集团股份公司	238 419	丹东
62	辽宁奥克集团股份公司	233 903	辽阳
63	辽宁丰华实业有限公司	231 575	营口
64	新世界（沈阳）房地产开发有限公司	228 596	沈阳

续表

序号	企业名称	营业收入（万元）	所在地
65	辽宁东林铝材有限公司	227 602	营口
66	中集车辆（辽宁）有限公司	226 216	营口
67	大连金港集团有限公司	216 947	大连
68	盘锦辽河油田大力集团有限公司	216 441	盘锦
69	辽阳石油化纤公司亿方工业公司	212 772	辽阳
70	罕王实业集团有限公司	212 154	抚顺
71	鞍山市鹏程混凝土外加剂有限责任公司	207 765	鞍山
72	金德铝塑复合管有限公司	203 847	沈阳
73	沈阳市万顺达集团有限公司	202 755	沈阳
74	阜新双汇肉类加工有限公司	202 572	阜新
75	正源房地产开发有限公司	200 000	大连
76	开原市赢德肉禽有限责任公司	197 240	铁岭
77	锦州汉拿电机有限公司	194 400	锦州
78	凌海沈宏班吉塔实业有限公司	192 062	锦州
79	沈阳辽冶重工机械制造有限公司	185 973	沈阳
80	辽宁铜业集团有限公司	180 745	辽阳
81	凌海市翠岩冶炼厂	180 014	凌海
82	营口可耐特玻璃有限公司	176 578	营口
83	辽宁五一八内燃机配件有限公司	175 986	丹东
84	锦州元成生化科技有限公司	175 894	锦州
85	瓦房店老虎电子产品制造厂	175 593	大连
86	宝钛华神钛业有限公司	172 128	锦州
87	辽宁衡业集团有限公司	170 000	鞍山
88	瓦房店龙城肉食品加工有限公司	168 656	大连
89	沈阳国美电器有限公司	166 355	沈阳
90	鞍钢实业三块石化工厂	166 286	鞍山
91	沈阳博士盖陶瓷有限公司	163 019	沈阳
92	大连宜华建设集团有限公司	160 000	大连
93	大连大森服装集团公司	159 800	大连
94	鞍山市鑫诚水处理有限责任公司	159 455	鞍山
95	盘锦辽油晨宇集团有限公司	156 266	盘锦
96	海城市东四型钢有限公司	156 092	鞍山
97	大连中佳食品有限公司	155 845	大连
98	金实集团	155 041	锦州
99	北镇市五峰米业加工有限公司	153 589	锦州
100	营口 BL 矿业有限公司	150 691	营口

资料来源：辽宁省中小企业网。

（1）百强中小企业的分布与地区经济发展水平成正比。大连以30%左右的入围企业户数居各项排列地区之首，沈大高速公路沿线5市入围户数占50%以上，成为百强中小企业分布的密集区。

（2）东西部地区百强中小企业数量明显增加。2007年这些地区的9个市入围企业户数仅为全部入围企业户数的43%，2010年则增加到64%，提高了12.3个百分点。其中抚顺、丹东、锦州、铁岭、盘锦等市增量较大，阜新市则实现了零突破。

这些中小企业从地域分布来看，沈阳（15家）、大连（29家）、营口（10家）和锦州（10家）最为集中，合计有64家，占总体权重的64%，这四个城市在辽宁省中小企业数量上占有绝对优势，与这些城市民营经济比较发达而且普遍比较重视资本市场有较大关系。

2. 成长期分布。根据美国中小企业管理局"全国中小企业金融抽样调查"的分组依据，将中小企业的成长周期划分为四个阶段，即0～2年为"婴儿期"（又称创业期），3～4年为"青年期"，5～24年为"中年期"，而25年以上为"老年期"。根据本书统计，选取的百强中小企业样本中有6家处于"青年期"，94家处于"中年期"，其他数据则为零。在平均成长期这个环节上，处于青年期（成长期）的企业平均成长为3.5年，而中年期（成熟企业）为7.20年，样本总的平均成长期6.98年，则说明辽宁省百强中小企业整体还处在中年期（成熟企业）初期。

根据金融成长周期理论，伴随着企业成长周期而发生的信息约束条件、企业规模和资金需求的变化，是影响企业融资结构变化的基本因素（Berger and Udell，1998）。在企业创立初期，由于资产规模小、缺乏业务记录和财务审计，企业信息是封闭的，经营业绩不明朗；缺乏优秀的企业管理团队与内部经营管理机制，使得风险投资公司不敢轻易涉足。因此，外源融资的获得性很低，企业不得不主要依赖内源融资；当企业进入成长阶段，追加扩张投资使企业的资金需求猛增，同时随着企业规模扩大，可用于抵押的资产增加，并有了初步的业务记录，信息透明度有所提高，于是企业开始更多地依赖金融中介的外源融资；在进入稳定增长的成熟阶段后，信息不对称较少，企业经营风险相对减少，企业的业务记录和财务制度趋于完备，盈利水平较高，外源性资本投入增多，企业的融资渠道得到前所未有的拓宽。中小企业可以选择的融资方式增多，并逐渐具备进入公开市场发行有价证券的条件，随着来自公开市场可持续融资渠道的打通，来自金融中介债务融资的比重下降，股权融资的比重上升，部分优秀的中小企业蜕变成长为大企业。

　　不同类型的中小企业，融资渠道和方式有着不同特点。由于中小企业是一类发展变化比较迅速的企业，具有明显的生命周期，即使同一类型的企业在不同的成长阶段上，资金来源结构有着系统性的差异，其融资结构也呈现着不同特点。

　　种子阶段——这一阶段企业具有技术创新、产品创新、服务创新或市场创新的特点，这时所需的融资服务要求借贷频率高、金额小。以自有资金即股权资本为主，主要来自于个人投资者和风险投资，即由自有资金、天使资金、风险投资构成，也可以从商业银行以举债方式筹措少量资金。由于企业市场前景不明朗，产品有一个市场适应期，盈利能力不足，商业银行对企业贷款的成本和风险远远高于大型企业或成长期和成熟期的中小企业，从经营风险和成本效益考虑，银行必然"惜贷"。因此，所需要的启动资金以直接融资为主，间接融资为辅。

　　投入阶段——这一阶段企业处于推广期，产品或服务开始被市场所接受，销售额与利润开始增长，市场规模与发展前景逐步明朗化，投资风险逐步降低。此时企业需要扩大生产规模，抢占市场份额，企业除自我积累部分资金外，增量资金还需要外源支持，以直接融资和间接融资并举为较好的选择。可以主要从商业银行及其他渠道获得流动资金贷款，有时仍需要从个人投资者、风险资金和中小企业投资公司等方面增加股权投资。

　　成长阶段——竞争者大量加入，产品市场进入成熟期，销售增长平缓，竞争激烈，利润水平被摊薄，以间接融资主要解决日常生产经营周转资金，期限较短，风险较小。外部融资是关键，主要从商业银行及各种中小企业投资公司、社区开发公司获得债务资金，有时还要向个人投资者、风险资金和中小企业投资公司等渠道筹措一部分股权资金。

　　成熟阶段——这一阶段企业进入二次创业期，是更高层次上的创业，企业市场形象与资本金有了一定的积累，以自我积累、吸收直接投资为较佳的选择，主要以大公司参股、员工认股、股票公开上市等以及从投资公司、商业银行筹集发展改造所需产权资金，以及商业银行和金融公司的贷款。

　　3. 企业性质分布。依据中小企业信息，我们将企业分为三类：家族类民营企业、非家族类中小企业和集体控股类企业。选取的百强中小企业中家族类中小企业71家，占71%；非家族类中小企业4家，占4%；集体控股企业25家，占25%。

　　所有制结构是影响我国中小企业融资方式决策的特殊因素，由于计划经济的影响，我国习惯对中小企业按所有制分类，在几乎所有的统计资料中，我国中小企业共分为四类：国有中小企业、集体和乡镇中小企业、个体私营中小企业、三资中小企业。私营中小企业在 1992 年以后才逐步地进入统计范围。资本的构成决定了组织形式，而资本的来源决定了所有制结构，所有制结构必然影响资本的进一步来源，也就是说影响融资方式。

4. 行业分布。从营业收入百强企业的行业情况分布看：制造业 85 户，实现营业收入 4 153.1 亿元，占百强企业的 80.6%；建筑业和房地产业 12 户，营业收入 803.8 亿元，占百强企业的 15.6%；批发零售业 2 户，营业收入 175.2 亿元，占百强企业的 3.4%，交通运输业 1 户，营业收入 22.6 亿元，占百强企业的 0.4%。

（三）研究架构

本书从对辽宁省中小企业的研究入手，通过营业收入的排名，选取 2010 年度百强中小企业，分别从融资结构、融资渠道和融资效率三个方面进行实证分析。

在对融资结构的分析中，本书将采用 SPSS15.0 软件处理，根据 Hendry "一般到特殊"的建模思想，以净资产收益率、总资产收益率、实际所得税税率、主营业务利润率、总资产对数、主营业务收入增长率、企业成立时间、主营业务资产收益率等九个变量作为自变量，分别以总负债率、流动负债比率和长期负债比率作为因变量，构建多元回归模型，从样本较集中的制造业行业来进行研究，得出了企业规模、投资机会和抗风险能力是影响制造业中小企业资本结构的最主要因素。

在对融资渠道的分析中，本书将从银行获得贷款、采取商业信贷和私人民间非正规金融借贷这三种我国中小企业的主要融资渠道抽象为短期借款、应付款和其他应付款三个相应的代理变量，构建多元线性回归模型，一方面是揭示银行发放贷款、金融机构提供商业信贷和私人民间提供非正规金融借贷时，会看重中小企业财务报表上的哪些因素，另一方面也考察中小企业作出融资渠道决策时，与其自身的哪些因素相关联。

在对融资效率的实证分析中，以净资产收益率、总资产收益率和主营业务利润率作为因变量来衡量企业的融资效率，自变量则选用资产负债率来代理融资结构，建立两者的回归模型，通过融资效率的高低来衡量融资结构的合理性。从整体上度量中小企业的融资效率，为其改进融资环境提供可行依据和客观准则。

最后，根据辽宁省百强中小企业的融资结构、融资渠道和融资效率实证分析得出的结论，提出了辽宁省中小企业走出融资困境的思路和对策。

二、辽宁省中小企业融资的研究假设

（一）融资结构描述统计量

企业的融资结构是指企业在筹措资金时根据不同的融资渠道、融资方式和融资条件的选择偏好和倾向所形成的比例关系。企业的融资结构取决于其自身的融资能力、资金需求状况和融资的外部环境等因素，这些因素综合反映在各种融资渠道和金融工具的融资成本、资金可得性及契约条件上。对不同类型的企业来说，由于主观和客观因素的制约，在融资过程中必然选择适宜于自身的融资渠道和金融工具，由此形成相对固定的融资方式，即所谓的融资结构。中小企业由于自身的特点，比如资产规模小、经营的不确定性大、财务信息不透明、承受外部经济冲击的能力弱等制约因素，加上其经营灵活性的要求，其融资模式与大企业相比存在较大差异。

企业的资本结构则是指企业取得长期资金的各项来源、组合及其相互关系。企业的长期资金来源一般包括权益资本和长期负债，因此，资本结构主要是指这两者的组合和相互关系。从内容上看，企业资本结构只是融资结构的一部分，它研究的重点是股权资本与债权资本之间的比例及相互关系，从而反映企业资本变化的情况。如果把资本结构简单视同融资结构并不完全正确，企业融资结构中还包括短期资金的融通。本书之所以将资本结构和融资结构当做一个金融范畴来理解，主要是由于辽宁省中小企业在多数情况下以解决流动资金困难为当务之急，可以说企业的短期资金来源和长期资金来源处于同等重要的位置。

国外对企业融资结构影响因素的研究多是以上市公司为主体的，而以中小企业为研究对象却非常少。Barbosa 和 Moraes（2003）[①] 对巴西小企业的研究表明，企业规模、资产构成和经营周期是企业资本结构三个最主要的决定因素。国内学者对中小企业融资结构也进行了初步研究，张捷[②]运用多元线性回归模型对我国中小企业贷款约束的影响因素进行实证分析，结果表明，中小企业的总体贷款约束程度比较严重，其中，贷款形式、融资成本和审批时滞是造成贷款约束的重要原因，企业的资产负债率和贷款负债比对银行贷款决策的影

[①]　Barbosa, E., Moraes, C.. Determinants of the Firm's Capital Structure: The Case of the Very Small Enterprises [J]. Working Paper from Econpapers, 2003, 358-366.

[②]　张捷. 中小企业的关系型借贷与银行组织结构 [J]. 经济研究, 2002 (6): 14-20.

响比较大，而密切的银企关系有助于缓解中小企业的贷款约束。陈晓红和黎璞[①]研究表明，民间金融与经济发展水平、销售收入有显著相关性，而企业人数与融资结构无关。

本书为了从多角度分析辽宁省百强中小企业的融资结构问题，考虑到负债的流动性，将资产负债率分解为流动负债率和长期负债率；考虑到债务的利息负担，将资产负债率分解为有息负债率和无息负债率，对资本结构进行描述性统计。所有指标在计算时均采用账面价值，有关指标的定义及计算公式见表3-2。

表3-2　　　　　　　　　　　　　融资结构指标

指标名称	符号	计算公式
资产负债率	DAR	总负债/总资产
长期负债率	LDAR	长期负债/总资产
流动负债率	SDAR	资产负债率 - 长期负债率
有息负债率	IDAR	（短期借款 + 一年内到期的长期借款 + 应付债券）/总资产
无息负债率	NIDAR	资产负债率 - 有息负债率

对100家中小企业的融资结构现状分析，选择2005年、2006年和2007年三年的财务数据，计算上述指标，具体数据见表3-3。

表3-3　　　　　　　　　　　　　财务指标描述统计

变量	年份	Mininum	Maximum	Mean	Std. Deviation
DAR	2005	4.32	88.9	46.71328	18.4786
	2006	5.77	86.45	47.20676	19.82129
	2007	7.67	80.28	40.205	16.81282
IDAR	2005	0	86.43	21.84186	17.10265
	2006	0	71.45	22.08127	17.70247
	2007	0	77.36	17.63713	14.72333
LDAR	2005	0	56.51	7.155784	9.701597
	2006	0	62.99	5.891457	10.6175
	2007	0	60.59	4.187178	7.897348

① 陈晓红，黎璞. 分工演化与关系型融资：中小企业融资问题的新理论解释［J］. 管理评论，2003（5）.

变量	年份	Mininum	Maximum	Mean	Std. Deviation
NIDAR	2005	2.47	83.88	24.87196	14.18612
	2006	1.68	84.35	25.12549	15.53327
	2007	2.92	73.57	22.74078	12.41608
SDAR	2005	2.76	86.29	39.55804	16.35346
	2006	4.26	86.45	41.31531	18.56968
	2007	5.48	74.72	36.05887	15.98528

资料来源：笔者根据100家中小企业2008~2010年年度报告数据计算得到。

统计数据显示：

1. 资产负债率偏低。资本结构的核心问题是负债比率问题。通过对企业的现实情况进行分析，得出了一些经验数据，如西方国家一般认为企业负债率在50%~60%是合理的，如果超出这一范围，将使企业潜在的投资者对其投资的安全性产生顾虑，也使实际债权人产生债权难以保证的危机感。

从表3-3可以看出，2008年、2009年和2010年的资产负债率均值都低于50%，且2010年与2009年相比有较大幅度的下降，平均资产负债率只有40.205%，说明中小企业资金利用效率较低，没有充分利用财务杠杆的作用。对于中小企业的这种融资行为的选择，可以从以下角度分析：

（1）从资本结构决定因素理论的角度分析。影响企业融资选择的因素非常复杂，对中小企业而言，企业的融资选择更多是受中小企业的显著特性影响，这些显著特性包括中小企业的规模特性、成长特性以及市场竞争特性等。根据金融成长周期理论，企业应该根据自身的成长特性进行融资，中小企业的高成长性决定了中小企业进行融资决策时对股权性融资的偏好。从市场竞争来看，目前营业收入较高的中小企业大多为传统的制造业，多数企业的产品非常细化，专用性极强，灵活性较差，市场竞争激烈。市场竞争影响着企业的财务资源竞争态势以及企业的财务危机状况，在激烈的市场竞争中，企业的利润和经营现金流随之下降，从而使得财务杠杆高的企业容易最先陷入财务危机，这使得中小企业的财务政策会趋于保守。

（2）从融资优序理论的角度分析。融资优序理论认为信息不对称会引起投资不足效应，因此企业先选择无交易成本的内部融资，其次选择交易成本较低的债务融资，对于信息约束条件最严，并可能导致企业价值被低估的股权融资则被排在企业融资顺序的末位。

　　张玉明（2004）① 从中小企业的信息不对称，风险等级不一致的方面进行了分析，提出了权益资本的优先性，认为中小企业融资优序策略模式应为先内部融资，再股权融资，最后是债务融资。这主要是基于以下考虑：第一，股权性资本方式进入能有效地解决风险与收益对称的问题。中小企业的成长是一个高风险的过程，由于企业缺乏可抵押的资产，若企业破产，受损的主要是债务资本；如果企业获得成功，债权资本只能获得固定的利息。第二，股权性融资使企业能够获得持续的资金支持。由此看来中小企业偏好股权融资是必然的。

　　2. 负债结构不合理，流动负债比率偏高。负债结构是公司资本结构的另一重要方面。中小企业流动负债占总负债的比例高达 90% 左右，这充分说明中小企业的净现金流量不足，公司要使用过量的短期债务来保持正常的运营。一般而言，短期负债占总负债一般的水平较为合理，偏高的流动负债水平将增加中小企业在金融市场环境发生变化的风险，如利率上调，银根紧缩时，资金周转将出现困难，从而增加了中小企业的信用风险和流动性风险，使公司的经营面临潜在威胁。

　　从表 3 - 3 可以看出，长期负债所占的比例较低，而长期负债中又以专项应付款为主，说明中小企业的债务以流动负债为主，由于中小企业信用体系的缺失，主要依靠关系型借贷，很少能获得银行长期借款。

　　（二）中小企业融资结构财务影响因素假设

　　1. 公司的盈利能力。盈利是企业偿债和信用的保障，盈利能力是衡量企业信用的一个重要方面。盈利能力越强的企业，财务基础越牢固，企业对外筹资的能力和清偿债务的能力也越强，企业发生财务危机的可能性也越小。

　　关于公司盈利能力对公司融资结构影响，到目前为止还没有一个完全一致的结论。Stultz（1990）② 的代理成本理论认为，负债水平与自由现金流量（盈利的结果）正相关，他们认为，公司的自由现金流量越多，对管理层的约束也就越弱，管理层通过奢侈的在职消费来侵害股东利益的可能性也越高。因此股东倾向于使用更多的债务融资，希望通过债权人的监督来约束管理者的行为。因此，负债水平与盈利能力、自由现金流量正相关。权衡理论认为，当公司盈利水平高时，由于公司有足够的能力支付利息费用，又由于利息支出是在应税收益之前扣除，这样公司提高债务融资将会增加公司的税后业绩，所以公司盈利能力与公司负债率正相关。融资优序理论则认为，在企业为新项目筹资

　　① 张玉明. 中小企业信用管理体系建设研究［J］. 东岳论丛，2004（7）.
　　② 王清. 农业类上市公司资本结构影响因素的实证分析［J］. 当代经济，2007（9）.

时，融资先通过内部资金进行，然后再通过低风险的债券，最后才不得不采用股票。当公司的盈利能力强时，内源资金充足，这样公司将会减少对外部资金的需求。这将得出公司盈利能力与公司负债率负相关的结论。就实证分析结果而言，Lang（1988）、Titman 和 Wessels（1988）用美国公司数据，Kester（1986）用美国和日本公司数据，Rajan 和 Zingales（1995）、Wald（1999）用发达国家数据，Booth 等（2001）用发展中国家数据分别得到公司盈利能力与公司负债率负相关的结论，他们的结论支持了融资优序理论。

根据前述融资优序理论，当收益率高时，企业更愿意使用较低的债务比率，从而更能保证投资者利益的实现。当前，中小企业还处于发展的起步阶段，收益的实现情况一直是企业的重中之重，而企业融资结构的安排又自然会影响到企业的利益分配问题，并对融资结构的安排起反作用。对此，我们采用了总资产收益率和净资产收益率这两个指标来代表公司的盈利能力。一般认为，企业净资产收益率和总资产收益率越高，企业自有资本获取收益的能力越强，运营效益越好，对企业投资者、债权人的保证程度越高。根据资本结构理论，当公司资产收益率高于债务资本成本时适当增加负债可以提高其经营业绩，而当资产收益率低于债务资本成本时则应该减少负债以降低损失。因此，如果公司在有意识地进行负债经营的话，负债比率与盈利能力应该呈正相关关系。

假设 1：中小企业的盈利性与资本结构正相关。

2. 所得税。所得税是影响公司融资结构的一个重要因素。含公司所得税的 MM 模型（1963）证明了负债会因利息的减税作用而增加企业价值，所以公司应选取 100% 的负债融资的决策。当然实际中几乎很少企业会采用这种融资策略，于是 Miller（1977）得出了包括公司所得税、个人所得税在内的融资结构模型。Miller 认为，负债融资避税作用的大小还取决于债券投资者的利息税以及股权投资者的个人所得税的大小。一般而言，公司所得税税率上升，债务的税收优惠就会增加，相对而言，在其他条件相同的情况下，税率高的公司，其债务水平高于低税率的公司。

假设 2：中小企业的所得税与资本结构正相关。

3. 公司规模。企业规模对资本结构的影响具有不确定性。信息传递融资结构模型认为：相对中小企业而言，人们能捕捉到的大企业的信息更完备，从而大公司具有较高的信息透明度，这意味着公司规模也可以代表经理们和投资者之间信息不对称程度。由于大公司的市场价值扭曲较小，它在股权融资中所受的损失也较小，相对地也就更倾向于股权融资。所以根据非对称信息融资结构理论，公司规模与负债率之间应该呈负相关关系。但静态权衡理论则认为，企业规模越大，市场占有率和市场覆盖率就越大，收益也越稳定，就更容易实施多角化经营分散企业经营风险，具有更充足的现金流，授信额度往往较高，这将使公司的预期破产成本大为降低，因此公司也自然拥有较高的负债。Marsh（1982）[1]、Saring（1984）[2]、Rajan 和 Zingales（1995）[3]、Wald（1999）[4]、Booth 等（2001）[5]、肖作平和吴世农（2002）[6]、陈超和饶育蕾（2003）[7] 等的实证研究也支持了企业规模与其负债率显著正相关的结论。

实证分析中，我们用企业总资产的对数值来代表企业规模。直观上看，大公司的经营更为多元化，抗风险能力强，破产的可能性小，具有更高的负债能力，因而常常能在较高的财务杠杆水平上运行，企业规模与债务水平呈正相关关系。对中小企业来说，受规模相对较小的影响，企业的经营不确定性大，获取债务融资的成本较高，企业倾向于股权性融资，因此企业的资本结构与规模将呈正相关关系。

假设 3：中小企业的企业规模与资本结构正相关。

4. 公司成长机会。信息传递融资结构模型认为，成长性高的企业一般是新兴企业，其规模不会太大，所以投资者与经营者之间的信息不对称的程度高，其股票价值往往会被低估，所以通过债权融资可以避免这种情况。从以上分析可以得出公司的成长性与公司负债率呈正相关的结论。但是由于高成长公司的资产类型主要是无形资产，一般来说，存在大量无形资产的公司往往更难得到银行的贷款；另外根据代理成本理论，主要由未来投资机会决定的公司股东在投资上具有更多的灵活性，并为其高风险偏好提供了更为广阔的空间，资产替代效应较强。意识到这一点，潜在的债权人会向公司索取较高的利息作为补偿，造成公司较高的债务成本。因而预期成长性应该与公司负债率负相关

① Marsh, P. . The Choice between Equity and Debt：An Empirical Study ［J］. Journal of Finance, 1982, （37）：121 – 144.

② Saring, Oded H. . Bargaining with a Corporation and the Capital Structure of Bargaining Firm ［J］. Journal of Financial Economics, 1984 （17）.

③ Rajan, R. G. , Zingales. L. What Do We Known about Capital Structure? Some Evidence from International Data ［J］. Journal of Finance, 1995 （1）：1421 – 1461.

④ Wald, J. K. . How Firm Characteristics Affect Capital Structure：An International Comparison ［J］. Journal of Financial Research, 1999 （22）：161 – 187.

⑤ Booth, Laurence, Varouj Aivazian, Asli Demirguckunt, Vojislav Maksimovie. Capital Structures in Developing Countries ［J］. Journal of Finance, 2001 （56）：87 – 130.

⑥ 肖作平，吴世农. 我国上市公司资本结构影响因素实证研究 ［J］. 证券市场报，2002 （8）.

⑦ 陈超，饶育蕾. 中国上市公司资本结构、企业特征与绩效 ［J］. 2003 （1）.

（Jensen，Meckling，1976[①]；Stulz，1990）[②]。Myers（1977）[③] 认为成长性越高的公司使用的债务会越少，原因是高成长性公司较低成长性公司对将来投资具有更多的选择权。如果高成长性公司需要外部权益融资来执行将来的选择权，那么拥有大量债务的公司可能会放弃这个机会，因为这样的投资将会使财富从股东转移到债权人身上，即产生投资不足问题。Kim 和 Sorensen（1986）[④]、Smith 和 Watts（1992）、Rajan 和 Zingales（1995）、Wald（1999）和 Booth 等（2001）、Samuel G. 和 Frank M.（2003）[⑤] 的实证研究也得到企业成长机会与其负债率显著负相关的结论。众多实证研究发现：成长性与资本结构负相关，而 Kester（1986）[⑥] 的研究发现成长性与杠杆正相关。

实证分析中我们采用主营业务收入增长率来度量成长性（GROW）。具有高成长性的中小企业，从理论上讲，其债务融资的比例应该较低。因此，可以断定企业的成长性与企业的财务杠杆具有显著的负相关关系，即企业增长机会越多，财务杠杆越低，而且在负债构成中，短期债务越多，而长期债务越少。

假设4：中小企业的成长性与资本结构负相关。

5. 非债务税盾。DeAngelo 和 Masulis（1980）[⑦] 认为，除了负债，企业还有其他一些降低税负、增加税后收入的机会。如提取固定资产折旧、投资中的税收减免以及养老金的提取等项目，这些项目称为非债务税盾，它们是负债融资税收优惠的一种有效的替代。即企业非债务节税机会越多，它依赖债务融资来降低税负的动机也就越小，导致企业较低的负债水平。Bradley 等（1984）[⑧]、Moh，d（2000）的实证研究得到非债务税盾与其负债率显著正相

① Jensen，M.，Meckling W.，Theory of the Firm: Managerial Behavior, Agency Cost and Capital Structure [J]. Journal of Financial Economics, 1976, 3 (1): 305 – 360.

② Stulz R. Managerial Discretion and Optimal Financing Policies [J]. Journal of Financial Economics, 1990 (26): 3 – 27.

③ Myers, S. C. Determinants of Corporate Borrowing [J]. Journal of Financial Economics5, 1977, 146 – 175.

④ Kim W. S., Sorensen E. H., Evidence on the Impact of the Agency Costs of Debt in Corporate Debt Policy [J]. Journal of Financial and Quantitative Analysis, 1986, 21: 131 – 144.

⑤ Frank M. Z., Goyal V. K. . Testing the Pecking Order Theory of Capital Structure. Journal of Financial Economics, 2003, 67: 217 – 248.

⑥ Kester C. W. . Capital and Ownership Structure: A Comparison of United States and Japanese Manufacturing Corporations [J]. Financial Management, 1986 (15): 5 – 16.

⑦ DeAngelo, H., Masulis, R. . Optimal Capital Structure in Corporate and Personal Taxation. Journal of Financial Economics, 1980 (8): 3 – 29.

⑧ Bradley, M., Jarrell, G. A., Kim, E. H. . On the Existence of an Optimal Capital Structure: Theory and Evidence [J]. Journal of Finance, 1984 (39): 857 – 880.

关的结论；Kester（1986）、Chaplinsky 和 Niehaus（1993）、Wald（1999）得到非债务税盾与其负债率显著负相关的结论；而 Titman 和 Wessels（1988）[1] 的研究没有得到具有显著性的结论。

我国《税法》规定，企业按规定提取的折旧可以纳入成本费用，在税前列支。由于折旧也像债务利息那样具有抵税作用，所以它可以代替负债的免税作用，这样负债抵税的益处也就不那么突出，企业就有可能减少负债以降低财务风险。理论上，企业的非负债类税盾与资产负债率成反比。

假设 5：中小企业板的非负债税盾与资本结构负相关。

6. 投资机会。由于既没有资产市值和账面价值的数据，也没有得到多年的增长率数据，代理变量只能采用未分配利润，因为它在一定程度上也反映了企业所有者（考虑到所有者经营的特征）对企业投资机会和未来发展的信心。

假设 6：中小企业的投资机会与资本结构正相关。

7. 银企关系。银行与企业的关系密切与否，关系到企业的各种信息能否准确及时地传递给银行。而信息在银行决定是否给企业发放贷款时至关重要。与银行维持良好的关系，有利于银行对企业的信息捕获，也有利于增加企业贷款可得性；良好的银企关系，也有助于企业降低融资成本，减轻抵押品要求。关系借贷（Relationship Lending）是基于银行对企业的深入了解，特别是银行在与企业的多方接触交流中所掌握的"软信息"（Soft Information）而产生的。关系借贷方式可弥补中小企业因其财务制度不健全缺陷，减轻信息不透明而带来的不利影响。代理变量采用企业的成立时间。这个代理变量显然存在着很多的缺点，Petersen 和 Rajan（1994）[2] 指出，银企关系可以通过关系的持续时间和银行提供的服务来反映，Cole（1998）则说明银行提供的服务更为重要。但由于服务的具体数据很难获得，只能采用时间变量。但是，成立时间作为代理变量仍然不理想，因为它是公共信息，而银企关系是银行和企业的私人信息。不过，以往所有的实证研究都发现企业成立时间对资本结构有显著的影响，那么我们也有充分的理由相信，这个变量应该是起作用的。

假设 7：中小企业的银企关系与资本结构正相关。

8. 市场竞争。中小企业面临激烈的市场竞争，企业的当前资本结构将影

---

① Titman, S., Wessels, R. . The Determinants of Capital Structure Choice［J］. Journal of Finance, 1988（43）：1 - 19.

② Petersen, M. A. and R. G. Rajan. The Benefits of Lending Relationships：Evidence from Small Business Data［J］. The Journal of Finance, 1994, XLIX, 3 - 37.

响企业的后续市场产品竞争能力，高财务杠杆将对企业的后续投资和财务出售能力产生负面影响，而且残酷的竞争会伴随着财务危机的高发性，企业为了改善与相关利益者的关系，不给竞争对手攻击的机会，将倾向于采用低负债的财务保守策略（财务杠杆比率低）来避免财务危机。此外，市场竞争激烈的企业，它的主营业务利润率将相对降低，因此，财务杠杆比率与企业的主营业务利润率将呈正相关关系，特别是其长期负债比率。

市场竞争状况的代表变量用主营业务利润率表示。主营业务利润率反映了企业的经营效率，当企业所处的市场竞争激烈时，企业的经营效率就将偏低，企业的经营效率降低也就将相应带来企业的主营业务利润率偏低。

假设 8：中小企业的主营业务利润率与资本结构正相关。

9. 资产运营能力。现代企业的发展导致了所有权与经营权分离，使得所有者和经营者之间产生了委托—代理关系，公司治理关系的好坏直接决定其经营管理效率的高低，健全的治理结构必将产生优异的经营绩效，股东可以从不断增长的企业价值中持续地获得收益。为了维护其自身的利益，企业不会倾向于权益性资本融资，而是选择内源性融资或债务融资的形式。用总资产周转率来做代理变量表示企业的经营管理效率。

企业的总资产周转率越高，表示资产的运营能力越强，销售收入高，资金循环回收速度快，显示出该企业的举债能力较强，因此更倾向于高负债率的融资决策。

假设 9：中小企业的经营效率与资本结构正相关。

10. 产品独特性。从产品和要素市场理论看，具有独特性产品的公司应具有较少的负债。Titman（1984）指出，如果公司仅生产某一种专业化产品，则当公司面临破产清算时，公司的客户、供货商及员工均会承受较高的专业技术、资本及转业成本。因为公司雇员和供应商可能只具有工作特征的技能和资本，且其客户较难找到可以替代的服务。从代理成本角度看，雇员找工作的预期成本取决于公司产品和劳务是否具有独特性。当其他条件一样时，与人力相关的代理成本对于提供相对专用化产品和劳务的公司而言更高。还有一些代理成本涉及其他利益相关者，如客户、供应商、社区等。由于较高的债务会产生较高的代理成本和破产成本，所以产品和劳务的独特性将影响资本结构的选择。所以当公司的产品独特性越强时，为防范客户与生产要素提供者将该成本转嫁，其负债比率会越小。Titman 和 Wessels（1988）的实证研究也证明了这一点。

假设 10：中小企业的产品独特性与资本结构负相关。

11. 资产担保价值。在我国中小企业普遍面临信贷配给的情况下，资产担保价值对于获得信贷支持至关重要。

　　一般而言，资产担保价值越大，负债得到偿还的保障越强，这样，债权人承担的风险相应减小，从而可能降低债务人的负债成本，因此，资产担保价值越大，企业的负债率可能会相应越高。总的来说，从贷款供给的角度看，银行为了减少它们的不良债务，通常将可抵押的有形资产当做衡量企业质量的一个信号，结果在企业资产的可抵押性与银行贷款的供给之间形成正相关。但从贷款的需求角度看，负债的代理成本的存在又会使企业资产的可抵押性与企业对信贷的需求形成负相关。这两者权衡的结果是，盈利水平高的企业不管其资产可抵押性如何，总是尽可能采用内部而不是外部融资。当企业拥有较多的资产适合于担保时，企业会倾向于高负债；反之则相反。

　　固定资产和存货通常被视为可抵押资产，借助有形财产担保的债务可以降低债权人由于信息劣势而可能导致的信用风险，因而可以降低其筹资成本。所以理论上抵押价值与企业负债比率正相关。抵押价值有两种衡量方法，其一为固定资产与总资产之比，其二为固定资产和存货之和与总资产之比，本书选用第二种方法。

　　假设11：中小企业的资产担保价值与资本结构正相关。

　　12. 速动比率。速动比率代表企业短期偿债能力，也可以说是抵抗风险能力。偿债能力越强的企业可能获得的债务性融资越多，因此认为偿债能力与资本结构正相关。我们用速动比率来表示企业抵抗风险能力。速动资产是指现金、银行存款、短期投资、应收账款、应收票据等几乎立即可以用来偿付流动负债的那些资产。在计算速动比率时，要把存货从流动资产中减去，主要是因为在流动资产中存货的流动性最差：部分存货可能已经损失但还没有处理；部分存货可能已抵押给债权人；存货估价存在成本价与合理市价的差异。因此，把存货从流动资产中减去而计算出的速动比率所反映的短期偿债能力即抵抗风险能力更加令人可信。

　　假设12：中小企业的偿债能力与资本结构正相关。

　　（三）融资渠道研究假设

　　现代资本结构理论认为，适度负债是维持企业持续发展的重要条件。因为负债不仅可以使企业获得节税利益和财务杠杆的作用，而且负债的破产机制可以约束企业经理的行为，其还本付息的压力能促使企业经理提高资金使用效率并作出提高企业盈利能力的最佳决策，从而有利于缓解内部控制问题，降低道德风险，减少代理成本，促进企业的发展。根据信号传递理论，负债是向市场传递企业资产质量良好的信号，由此将提高企业的市场价值，降低企业的融资成本，提高资金使用效率。

　　辽宁省百强中小企业中，85 家制造业的资本结构与融资效率的关系涉及是否影响和有何影响两方面。根据前面的分析，对制造业中小企业的资本结构与融资效率的关系给定如下假设：企业融资结构与融资效率正相关。

第二节　辽宁省百强中小企业融资的变量选取和样本选择

一、融资结构分析的变量选取和样本选择

（一）变量选取

1. 被解释变量。我们选取融资结构作为解释变量，用总资产负债率、流动资产负债率、长期负债率来表示，均以账面值度量（见表 3 - 4）。

表 3 - 4　　　　　　　　　　　　　　被解释变量

被解释变量	计算公式	财务释义
资产负债率	＝总负债/总资产	该指标反映企业的全部资产中有多大比例是负债构成的，多大比例是股权融资构成的，这个指标既可以用来衡量企业利用债权人资金进行经营活动的能力，也可以反映债权人发放贷款的安全程度
流动负债比率	＝流动负债/总资产	有些情况下，资产负债率会掩盖部分的行业间负债差异，因此本书选择长期负债率和流动负债率也一同作为研究指标
长期负债比率	＝长期负债/总资产	

　　2. 解释变量（见表 3 - 5）。

表 3 - 5　　　　　　　　　　　　　　解释变量

代理变量名	计算公式	含义
净资产收益率	＝息税后净利润/平均普通股股东权益	代表盈利能力
总资产收益率	＝息税后净利润/平均总资产	代表盈利能力
实际所得税税率	＝所得税/利润总额	代表企业税务负担
主营业务利润率	＝主营业务利润/主营业务收入	代表市场竞争
总资产对数	＝ln（总资产）	代表企业规模
主营业务收入增长率	＝（当年主营业务收入－上年主营业务收入）/上年主营业务收入	代表企业成长性

续表

代理变量名	计算公式	含义
企业成立时间	＝研究年度－企业成立年限	代表银企关系
主营业务资产收益率	＝主营业务收入/总资产	代表企业
非负债税盾	＝固定资产累计折旧/总资产	代表企业抵税能力
总资产周转率	＝销售收入/平均总资产	代表企业营运能力
产品独特性	＝销售成本/销售收入	代表产品竞争实力
速动比率	＝（流动资产－存货）/流动负债	代表企业抵抗风险能力
投资机会	＝未分配利润/总资产	反映所有者对未来投资机会和企业发展的信心
资产担保价值	＝（固定资产＋存货）/总资产	代表企业负债偿还能力

当然，由于数据的缺乏，还有一些重要的变量无法引入模型，比如税率、银行贷款的利率、具体交易对象和交易时间等因素，只能留待今后进一步研究。

（二）数据来源与样本选择

本书选取了辽宁省百强中小企业为研究总体，利用这些企业 2007 年度的截面数据进行实证研究。数据来源于：辽宁省中小企业网，http：//www. smeln. gov. cn；中国中小企业网；振兴东北网；辽宁省发展改革委内部统计资料。

二、融资渠道分析的变量选取和样本选择

（一）融资渠道基本理论

1. 关系型借贷。除了利用自有资金进行内部融资外，基于"软信息驱动"、"关系型驱动"的企业间商业信贷和银企间关系型借贷是缓解辽宁省小企业信贷配给的有效途径，也是微观金融领域最活跃、最广泛的重要研究分支之一。一般认为，中小企业贷款技术方法可归为四类：基于财务报表型、资产抵押型、资信评估型与关系型（Berger and Udell，2002）[①]。总的来看，前三种贷款技术所涉及的主要是易于编码、量化和传递的"硬信息"。这些信息不具有人格化特征，基于这类信息的贷款属于市场交易型的贷款，是对中小企业经审计财务报告等"硬信息"分析基础上作出；关系型贷款则有所不同，它是

---

① Berger and Udell. Small Business Credit Availability and Relationship Lending：The Importance of Bank Organizational Structure ［J］. Economic Journal, 2002, 112（447）L：32 – 53.

基于银企间或企业间长期信任合作关系所产生的"软信息"作出。它所涉及的主要是难以量化和传递的"软信息"，具有强烈的人格化特征。这种软信息可视为银行生产的关于特定企业及其业主的专有知识。关系型借贷在提高辽宁省中小企业的贷款可获得性方面，在缓解贷款利率、可抵押担保品要求方面起到积极作用（Berger and Udell，1995；Cole，1998）。① 关系型借贷之所以有助于缓解信贷市场上的市场失效，是因为由长期关系所产生的各种软信息，在很大程度上可以替代财务数据等硬信息，在一定程度上弥补了辽宁省中小企业因无力提供合格财务信息和抵押品所产生的信贷缺口，并有助于改善其不利的信贷条件。因此，关系型贷款作为解决辽宁省中小企业融资问题的一种重要手段，无论在发展中国家还是发达国家均相当盛行。

关系型贷款的经典研究当属 Petersen 和 Rajan（1994）系统性实证研究，其主要发现是：中小企业和银行机构间关系建立的时间长短对其贷款利率的影响作用微乎其微，相反对贷款可获得性及贷款数量的影响有明显作用；中小企业集中于从一家银行机构还是选择多家银行机构的贷款行为显著影响关系型贷款的可获得性和贷款利率，集中性贷款行为相比非集中性贷款行为利率更低、贷款数量更大、可获得性更强。Petersen 和 Rajan（1997）② 从信贷市场竞争类型角度对银企间信贷关系进一步展开实证研究并指出，信贷市场存在集中性与竞争性之分，信贷市场竞争程度在决定贷款关系的价值方面具有重要作用；在集中性信贷市场中，银行机构更愿意贷款给信贷制约企业，原因是放贷者可以通过对企业的控制来索取更多未来利润并将贷款收益内部化；在偏重人际关系网络社会中对信贷市场实施竞争性市场化改革政策可能会对中小企业融资产生负面影响。

2. 商业信贷。作为一种短期外部融资方式，商业信贷无论在发达国家还是发展中国家都是中小企业最重要的融资方式之一。商业信贷作为美国等发达国家仅次于金融机构借贷的中小企业外部融资来源，平均占负债的比例为31.3%，其中 20 人以下、100 万美元销售额以下中小企业商业信贷占负债比例平均为 26.4%；20 人以上、100 万美元销售额以上中小企业商业信贷占比达 32.7%。③

---

① 张杰，尚长风. 资本结构、融资渠道与小企业融资困境［J］. 经济科学，2006（3）：35 – 46.

② Petersen，M. A. and R. G. Rajan. Trade Credit：Theories and Evidence［J］. The Review of Financial Studies，1997，Vol. 10. No 3，661 – 691.

③ Bernanke，B. S.，M. Gerler. Inside the Black Box：The Credit Channel of Monetary Policy Transmission［J］. Journal of Economic Perspectives，1995（9）：27 – 48.

商业信贷指卖方允许买方在购买产品时的延期支付，分为应收款和应付款，融资结构更重视对后者的分析。商业信贷的利率一般都远高于银行贷款，这既反映出商业信贷的高风险，又体现出供货商（相对金融中介机构而言）在向买方提供商业信贷时拥有的信贷优势。美国 20 世纪 90 年代，所有以应付款计算的公司商业信贷年平均额达 1.5 万亿美元，是所有新公开发行债券与股票的 2.5 倍，超出当年货币供给量（M_1）1.5 倍（Ng and Smith，1999）[①]。在金融发展受抑制的发展中国家，商业信贷甚至作为银行信贷的一种有效替代机制，成为中小企业外部短期融资的最重要来源（Mcmillan and Woodruff，1999）。[②] 相对一般金融机构来讲，商业信贷中的供货商在调查其客户信誉、获取客户经营信息、监督能力与迫使借款人清算还款方面具有信息成本上的优势（Petersen and Rajan，1997）。

一般认为，相对于银行借贷来说，商业信贷至少具有三个方面的成本优势：第一，获取信息成本上的优势。贷方通过双方日常性的商业交易流程，而非专业化部门及时、有效、低成本地掌控借方的生产经营状况和风险信息。第二，供货商作为贷款人能够比金融机构更经常地接触客户的实地生产状况，客户购货合同上的订货数量规模与频率能够传递其生产经营状况。一旦观察到客户不能利用商业信贷中的优先付款折扣优惠条件，就可以此作为"导火索"警示供货商可能遇到还款风险，控制借方的优势。对于具有相对专用性的中间品来说，贷方可以利用自己在供货链中的市场势力来削弱借方不还款的机会主义行为，如切断供货。第三，回收损失方面的优势。在借方经营失败的情形下，供货商与金融机构相比，具有控制、清算、追索债权方面的优势。

然而，从微观层面的行为动机角度来看，中小企业既可作为商业信贷的供给者，又可作为需求者。其使用动机更为复杂。不同规模（不同实力）的企业由于受信贷市场约束程度不同，可担保抵押实力不同。所处生命周期阶段以及自身发展能力不同，作为商业信贷的净借出者或净借入者身份也会存在不同。通常认为，在信贷市场处于优势地位的大企业所受的信贷约束较小，可以借助商业信贷渠道而成为供应商，为在信贷市场上处于劣势地位的小企业提供"再转移融资通道"，这被认为是商业信贷能够有效缓解中小企业信贷约束的

---

① Ng Chee K., J. K. Smith, R. I. Smith. Evidence on the Determinants of Credit Terms Used in Interfirm Trade [J]. The Journal of Finance, 1999 (54): 1109 - 1129.

② Mcmillan, J., Woodruff, C.. Interfirm Relationships and Informal Credit in Vietnam [J]. Quaterly Journal of Economics, 1999, 114 (4): 1285 - 1320.

内在机理。

3. 非正规金融借贷。亲友借贷、职工内部集资以及民间借贷等非正规金融在中小企业融资中发挥了重要作用，但由于各地经济发展水平以及民间信用体系建设的差异，非正规金融在江浙、中西部地区发育程度差异极大。自1989 年以来，国家对非正规金融实行了多次大规模清理整顿，但总体看来，非正规金融不但没有消失，而且规模越来越大，形态越来越复杂，组织越来越严密。主要以个人借贷、企业内部集资、中小企业间的融资、钱庄票号、基金会等形式进行活动。从事非正规金融业的机构活动形式多种多样，多是在半公开形式下进行的①。

在同时存在正规与非正规金融的转型国家，中小企业信贷配给问题相对发达国家更为严重。非正规金融的融资成本虽然较高，但其对缓解小企业信贷配给问题能起到积极作用，从而有利于小企业增长（Azam and Biais et al.，2001）。与正规金融不同的是，非正规金融依赖于嵌入在社会关系网络中的声誉机制和集体惩罚机制，通过提供隐含保险、关系型信任替代实物抵押、社会性约束与自律相结合的履约机制、重复交易机制降低了交易成本（Schreiner，2000），通过从无组织的自由借贷到有组织的合会、储金会等，来满足不同金融需求。

4. 中小企业不同成长期的渠道选择差异。由于其需求差异，自身信誉与信用建构能力差异，通过财务报表、外部资信评估传递其自身经营发展状况"硬信息"能力和通过与外部融资主体长期交易所形成基于关系型"软信息"能力的不同，以及提供抵押担保品能力的不同，中小企业在不同成长阶段对银行借贷、商业信贷与非正规金融借贷等融资渠道的依赖性和选择不同。在发展初期，其自身传递"硬信息"能力不足，因此通过银行借贷的融资能力不足，信贷配给的状况最为严重，而从商业信贷及非正式融资渠道的借贷一定程度上起到替代作用；在经历生存期后，小企业与银行机构建立了长期交易合作关系，基于关系型的"软信息"某种程度上缓解了银企间的信息不对称，小企业的融资转变为以银行中介机构为主，此时对高成本商业信贷和非正规金融借贷的需求降低；处于稳定增长成熟期时，企业自身现金流与盈利能力处于稳定状态，对银行中介依赖状况会下降，转而对基于长期交易合作信任的互惠型商业信贷需求有一定程度增加。

---

① 李璞. 非正规金融在中小企业融资中的作用研究——基于浙江地区的调查分析［J］. 浙江金融，2007（8）：31－32.

（二）指标选取

1. 被解释变量主要设定为经过标准化的短期借贷、应付款（应付账款＋应付票据＋预付账款）和其他应付款（皆是除以总资产后的标准化数据，这样可以消除不同企业规模对数据的影响，减少横截面数据异方差现象）。它们分别对应于银行借贷、商业信贷与私人民间非正规金融借贷三种中小企业的主要融资渠道。

由于中小企业的短期借款基本上都来自银行，所以本书将短期借款全部处理为银行贷款。为了让模型拟合得更好，采用短期借款的标准化数据（即用短期借款除以总资产）。事实上，用短期借款来衡量中小企业的贷款可得性和贷款能力比较接近，但并不是最优的，因为在公开公正的前提下，企业实际的贷款额一般小于或等于其最大的贷款能力，因为有可能企业并不希望贷款数额过大，也有可能银行审批给企业的贷款额度并不能反映企业的最大贷款能力。

从中小企业的财务报表来看，一般认为，应付款对应商业信贷。需要特别说明的是，本书将其他应付款看成是企业私人借贷与民间借贷的内在衡量指标，理由在于：按照会计报表准则，产生其他应付款项中主要项目与中小企业的实际情况不符，不会导致该项金额偏大现象。企业潜在惯例是把企业间借贷、私人借贷、职工集资款记入其他应付款项。鉴于此，本书以中小企业样本公司的其他应付款项作为私人和民间非正规金融借贷的一个近似度量指标。

2. 解释变量。

（1）银企关系。本书在该模型中将企业的成立时间作为代表引起关系的变量，它应该与短期借款正相关。Petersen 和 Rajan（1994）指出，银企关系可以通过关系的持续时间和银行提供的服务来反映。由于从企业的资产负债表中不能得到银行提供服务的数据，也不能得到开户时间，所以此处用企业的建立时间来代替。而且在以往的多篇文献中，如 Rajan（1994）、Cole（2004）等都证明了企业的成立时间会对其银行贷款有显著的影响。所以我们有理由相信，加入这个变量是起作用的。

（2）投资机会。用未分配利润的标准化数据。

（3）盈利能力。净资产收益率（ROE）和总资产收益率（ROA）。

（4）经营规模。用主营业务收入的自然对数来表示，指示企业的生产规模与收入现金流能力，在这里不采用总资产的自然对数，因为总资产已经作为标准化数据的分母。

（5）资产担保价值。从贷款供给的角度看，银行为了减少它们的不良债务，通常将可抵押的固定资产或存货当做衡量企业质量的一个信号。

（6）银行贷款，代理变量为标准化的短期借款。目的是研究银行贷款与商业信贷和非正规金融三者之间的替代关系。

（7）商业信贷，应付款（应付账款＋应付票据＋预付账款）作为代理变量。

（8）非正规金融借贷。代理变量为其他应付款。

（9）产品独特性。一般认为企业产品独特性高，产品在市场上的可替代率就低，因此企业的市场竞争性就越强。

（10）企业成长性。代理变量为主营业务增长率。

（11）市场竞争。用主营业务利润率来指代。

（12）抗风险能力。用速动比率来指代。

（13）营运效率。用总资产周转率来指代。

三、融资效率分析的变量选取和样本选择

（一）变量选取

1. 受中小企业资金成本数据来源的限制，本书仅利用投资报酬率这一指标来分析样本公司的融资效率。投资报酬率越大，企业的资金使用效率越高，融资效率越高；反之，融资效率越低。投资报酬率可以用总资产收益率或净资产收益率来表示。这两个指标都能反映每单位融资额的获利情况，而且在不同融资规模的企业之间具有可比性。为此，本书选取净资产收益率（ROE）和总资产收益率（ROA）作为因变量来衡量企业的融资效率，另外选用主营业务利润率（CPM）作为对投资报酬率的补充。主营业务利润率反映企业实现的净利润水平，能从一个侧面反映企业资金使用效率的高低。净资产与总资产均采用账面价值。

2. 融资结构的代理变量选取资产负债率。融资结构的合理性可以通过融资效率高低来衡量。

（二）样本选择

由于行业发展状况不同，行业所处的宏观环境不同，导致不同行业的企业具有不同的资本结构。因此，在本书债务融资与企业融资效率相关性的研究中，我们选择专门针对一个具体行业来进行研究。我们选择的行业是制造业。因为该行业属于传统行业，在辽宁省百强中小企业中占85%，具有一定代表性，便于我们选取样本。

第三节 辽宁省百强中小企业融资的分析方法

一、中小企业融资结构分析方法与模型构造

为了考察中小企业融资结构的影响因素，我们采用多元回归方法检验可能影响中小企业融资结构的原因。

多元线性回归基本模型为

$$y_t = \beta_0 + \beta_1 x_{t1} + \beta_2 x_{t2} + \cdots + \beta_{k-1} x_{tk-1} + U_t \tag{3.1}$$

其中，y_t 是被解释变量（因变量），x_{ti} 是解释变量（自变量），U_t 是随机误差项，$\beta_i i = 0, 1, \cdots, k-1$ 是回归参数，待估计。

对经济问题的实际意义：y_t 与 x_{tj} 存在线性关系，x_{tj}，j $= 0, 1, \cdots, k-1$ 是 y_t 的重要解释变量。U_t 代表众多影响 y_t 变化的微小因素，使 y_t 的变化偏离了（y_t）$= \beta_0 + \beta_1 x_{t1} + \beta_2 x_{t2} + \cdots + \beta_{k-1} x_{tk-1} + U_t$ 决定的 k 维空间平面。

当给定一个样本（$y_t, x_{t1}, x_{t2}, \cdots, x_{tk-1}$），$t = 1, 2, \cdots, T$ 时，上述模型表示为

$$\begin{cases} y_1 = \beta_0 + \beta_1 \chi_{11} + \beta_2 \chi_{12} + \cdots + \beta_{k-1} \chi_{1k-1} + U_1 \\ y_2 = \beta_0 + \beta_1 \chi_{21} + \beta_2 \chi_{22} + \cdots + \beta_{k-1} \chi_{2k-1} + U_2 \\ \vdots \\ y_T = \beta_0 + \beta_1 \chi_{T1} + \beta_2 \chi_{T2} + \cdots + \beta_{k-1} \chi_{Tk-1} + U_T \end{cases} \tag{3.2}$$

此时 y_t 与 x_{tj} 已知，β_i 与 U_t 未知。

$$\begin{bmatrix} y_1 \\ y_2 \\ \vdots \\ y_T \end{bmatrix} = \begin{bmatrix} 1 & \chi_{11} & \cdots & \chi_{1j} & \cdots & \chi_{1k-1} \\ 1 & \chi_{21} & \cdots & \chi_{2j} & \cdots & \chi_{2k-1} \\ \vdots & \vdots & & \vdots & & \vdots \\ 1 & \chi_{T1} & \cdots & \chi_{Tj} & \cdots & \chi_{Tk-1} \end{bmatrix}_{(T \times k)} \begin{bmatrix} \beta_0 \\ \beta_1 \\ \vdots \\ \beta_{k-1} \end{bmatrix}_{(k \times 1)} + \begin{bmatrix} U_1 \\ U_2 \\ \vdots \\ U_T \end{bmatrix}_{(T \times 1)} \tag{3.3}$$

$$Y = X\beta + \mu \tag{3.4}$$

为保证得到最优估计量，回归模型（3.1）应满足如下假定条件。

假定（1）：随机误差项 U_t 是非自相关的，每一误差项都满足均值为零，方差 σ^2 相同且为有限值，即

$$E(u) = 0 = \begin{bmatrix} 0 \\ \vdots \\ 0 \end{bmatrix}, \operatorname{var}(u) = E(uu') = \sigma^2 I = \sigma^2 \begin{bmatrix} 1 & 0 & 0 \\ 0 & \ddots & 0 \\ 0 & 0 & 1 \end{bmatrix}$$

假定（2）：解释变量与误差项相互独立，即

$$E(X'\mu) = 0$$

假定（3）：解释变量之间线性无关。

$$rK(X'X) = rk(X) = k$$

其中，$rK(\cdot)$ 表示矩阵的秩。

假定（4）：解释变量是非随机的，且当 $T \to \infty$ 时，

$$T^{-1}X'X \to Q$$

其中，Q 是一个有限值的非退化矩阵。

我们可以利用最小二乘法（OLS）对模型进行参数估计，OLS 的原理是求残差（误差项的估计值）平方和最小。代数上是求极值问题。

$$\min S = (Y \cdot X\hat{\beta})'(Y - X\hat{\beta}) = Y'Y - \hat{\beta}'X'Y - Y'X\hat{\beta} + \hat{\beta}'X'X\hat{\beta}$$

$$= Y'Y - 2\hat{\beta}'X'Y + \hat{\beta}'X'X\hat{\beta} \tag{3.5}$$

因为 $Y'X\hat{\beta}$ 是一个标量，所以有 $Y'X\hat{\beta} = \hat{\beta}'X'Y$。式（3.5）的一阶条件为

$$\frac{\partial S}{\partial \hat{\beta}} = -2X'Y + 2X'X\hat{\beta} = 0 \tag{3.6}$$

化简得

$$X'Y = X'X\hat{\beta}$$

因为（$X'X$）是一个非退化矩阵（见假定（3）），所以有

$$\hat{\beta} = (X'X)^{-1}X'Y \tag{3.7}$$

因为 X 的元素是非随机的，$(X'X)^{-1}X$ 是一个常数矩阵，则 $\hat{\beta}$ 是 Y 的线性组合，为线性估计量。

求出 $\hat{\beta}$，估计的回归模型写为

$$Y = X\hat{\beta} + \hat{u} \tag{3.8}$$

其中，$\hat{\beta} = (\hat{\beta}_0, \hat{\beta}_1, \cdots \hat{\beta}_{k-1})'$ 是 β 的估计值列向量，$\hat{u} = (Y - X\hat{\beta})$ 称为残差列向量。因为

$$\hat{u} = Y - X\hat{\beta} = Y - X(X'X)^{-1}X'Y = [I - X(X'X)^{-1}X']Y \tag{3.9}$$

所以 $\hat{u}$ 也是 Y 的线性组合。$\hat{\beta}$ 的期望和方差是

$$E(\hat{\beta}) = E[(X'X)^{-1}X'Y] = E[(X'X)^{-1}X'(X\beta + u)]$$

$$= \beta + (X'X)^{-1}X'E(u) = \beta \tag{3.10}$$

$$\mathrm{var}(\hat{\beta}) = E[(\hat{\beta} - \beta)(\hat{\beta} - \beta)'] = E[(X'X)^{-1}X'uu'X(X'X)^{-1}]$$

$$= E[(X'X)^{-1}X'\sigma^2 IX(X'X)^{-1}] = \sigma^2(X'X)^{-1} \tag{3.11}$$

高斯—马尔可夫定理指出，若前述假定条件成立，OLS 估计量是最佳线性无偏估计量。$\hat{\beta}$ 具有无偏性。$\hat{\beta}$ 具有最小方差特性。$\hat{\beta}$ 具有一致性、渐近无偏性和渐近有效性。

我们初步建立多元线性方程：

$$Y_i = \beta_0 + \beta_1 \times SIZE_i + \beta_2 \times GROWTH_i + \cdots + \beta_i \times MC_i + \mu_i \tag{3.12}$$

其中，Y 表示企业的融资结构（资本结构），即企业债务筹资占总筹资的比率，一般也称财务杠杆比率，本书我们用总负债率、流动负债比率和长期负债比率来分别测度；表 3 - 5 的 12 个自变量全部进入模型，$\beta_1, \beta_2, \cdots, \beta_{12}$ 为回归系数。μ_i 是随机扰动项，符合多元线性回归理论中对于随机扰动项的几个基本假定。

本研究的多元回归分析采用 SPSS15.0 软件处理，根据 Hendry "一般到特殊"的建模思想，首先把表 3 - 5 的全部变量作为自变量，分别以总负债率、流动负债比率和长期负债比率作为因变量进行回归，采用使 F 值增大的原则逐步剔除不显著变量，再从整体回归 F 检验显著的回归方程中，选出经调整的 R^2 最大的回归方程，作为某因变量的最终回归方程，结果列于表 4 - 1（F 统计量不显著的方程本书不列示）。

二、中小企业融资渠道分析方法

中小企业融资渠道的计量分析，一方面是揭示银行在向中小企业发放贷款、金融机构提供商业信贷和私人、民间提供非正规金融借贷时，会看重中小企业财务报表上的哪些因素，另一方面也是考察中小企业作出融资渠道决策时，与其自身的哪些因素相关联。

以经过标准化的短期借贷、应付款和其他应付款作为因变量，以上述第二节中融资渠道的第 13 个财务指标作为自变量，分别建立三个多元线性回归模型。本书采用最小二乘法（OLS）按照从一般到特殊的建模方法，逐一排除降低模型拟合程度的代理变量，寻找最佳模型。表 4 - 5 至表 4 - 8 给出了在节省性原则（Parsimony）下拟合程度最高的模型，避免了多重共线性问题。

三、中小企业融资效率分析方法

为了研究中小企业的融资结构与融资效率的关系，考虑二者之间是否有相关性，我们建立净资产收益率与资产负债率、总资产收益率与资产负债率、主营业务利润率与资产负债率之间的线性回归模型：

$$ROE_i = \beta_0 + \beta_1 \times DEBT_i + \varepsilon \tag{3.13}$$

$$ROA_i = \beta_0 + \beta_1 \times DEBT_i + \varepsilon \tag{3.14}$$

$$CPM_i = \beta_0 + \beta_1 \times DEBT_i + \varepsilon \tag{3.15}$$

其中，ROE_i、ROA_i、CPM_i 分别表示 i 企业的净资产收益率、总资产收益率和主营业务利润率；$DEBT_i$ 表示 i 企业的资产负债率；β 表示解释变量的系数；ε 表示误差项。

第四章

辽宁省百强中小企业融资的资料分析

第一节 辽宁省百强中小企业融资结构分析

一、财务影响因素实证分析

影响辽宁省百强中小企业融资结构的因素有很多，大致可分为宏观因素和公司财务因素。由于本书研究的对象是辽宁省百强中小企业，样本所处的宏观环境基本相同，所以本书不考虑宏观因素对百强中小企业融资结构的影响，只考虑公司财务因素对融资结构的影响。

（一）实证检验结果与解释

1. 描述统计。先进行描述统计分析，表4－1给出了描述统计量。

表4－1 行业间财务指标描述统计

行业	资产负债率（％）	流动资产负债率（％）	有形资产比例（％）	市场竞争力	总资产周转率
制造业	42.37	0.58	28.36	26.03	0.89
建筑和房地产业	58.56	0.57	35.93	11.28	1.33
批发零售业	25.08	0.68	25.90	35.12	0.50
交通运输业	25.34	2.24	15.77	57.45	0.24

各行业间财务指标存在差异的原因归纳如下：

（1）资产运营能力。一个行业总资产周转率越高，表示资产的运营能力越强，销售收入高，资金循环回收速度快，显示出该行业的举债能力较强，因此更倾向于高负债率的融资决策。从表4－1我们可以看到，总资产周转率明显高于其他行业的建筑业资产负债率；资产周转率较高的制造业也相应具有较高的资产负债率。

（2）行业的竞争程度及风险性。行业的竞争程度直接关系到行业的风险性。竞争程度低，商品价格则主要由供给一方决定，风险越低。如电力、煤气及水的生产和供应业受国家管制较多，国有化程度较高，属于公用事业型企业，处于垄断地位，不存在价格竞争，破产风险很低甚至为零。这样的行业负债率较高，而竞争性强的行业资产负债率较低。从表 4 - 1 中可以看出，批发零售业和交通运输业的市场竞争程度高，相应的资产负债率较低。

（3）资产结构。有形资产比重越高，资产破产清算及担保价值越大，越容易得到银行信贷，会导致企业负债率较高。如建筑业，表中显示该行业的有形资产比率明显高于其他行业，因此企业融资可以依靠抵押贷款方式，所以负债率较高。若无形资产比率较高，则一旦破产，成本较高，则较少采用负债融资。如交通运输业，有形资产比率仅为 15.77%，总负债率为 25.34%。批发零售业的资产负债率相对较低。

由于在辽宁省百强中小企业中，制造业的选取样本比较集中，占 85 户，所以选取制造业来研究，对各财务因素进行实证检验，即研究制造业的样本企业，其融资结构受到哪些财务因素影响。

2. 制造业财务因素影响实证分析。先列出制造业各财务指标的描述统计分析（见表 4 - 2）。

表 4 - 2　　　　　　　　　　　　　描述统计

指标	均值	标准差	数目
资产负债率	42.368666	15.0498428	70
净资产盈利能力	9.647754	5.2259123	70
总资产盈利能力	9.418046	4.6951393	70
市场竞争力	26.030269	13.3437733	70
企业规模	8.923457	0.2633559	70
企业成长性	28.357644	43.4328197	70
非负债税盾	0.119160	0.0796262	70
资产担保价值	0.520199	0.1528667	70
所得税税率	0.240294	0.1707872	70
抗风险能力	1.544284	1.6917465	70
产品独特性	0.734857	0.1356455	70
营运效率	0.890004	0.6058356	70
投资机会	0.118891	0.0642813	70
成立年限	6.857143	1.9802336	70

ANOVA^b

	Model	Sum of Squares	df	Mean Square	F	Sig.
1	Regression	11 412. 508	9	1 268. 056	18. 047	0. 000ᵃ
	Residual	4 215. 837	60	70. 264		
	Total	15 628. 346	69			

注：a：Predictors：（Constant），成立年限，资产担保价值，企业成长性，投资机会，非负债税盾，企业规模，净资产盈利能力，抗风险能力，总资产盈利能力。

　　b. Dependent Variable：资产负债率。

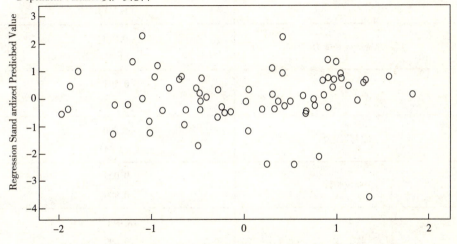

图 4 - 1　标准化预测值与残差散点图

从资产负债率的标准化预测值与残差散点图（见图 4 - 1）中可以看到，绝大部分观测量随机地落在围绕垂直的（- 2，+ 2）范围内，预测值与学生化残差之间没有明显关系，所以回归方程满足线性与方差齐性的假设，且拟合效果较好。

表 4 - 3　　　　　　　　制造业样本公司财务影响因素的回归分析

自变量　　　　　　因变量	资产负债率
β_0	- 43. 670 *** （- 3. 519）
投资机会	- 69. 568 *** （- 3. 452）

自变量 ＼ 因变量	资产负债率
企业规模	21. 513 *** (4. 638)
非负债税盾	− 24. 568 * (− 1. 678)
资产担保价值	14. 531 * (1. 551)
净资产盈利能力	0. 618 (1. 361)
总资产盈利能力	− 0. 974 * (− 1. 884)
成立年限	0. 503 (0. 956)
抗风险能力	− 2. 090 ** (− 2. 547)
企业成长性	0. 025 (0. 980)
F 调整 R^2	18. 047 *** 0. 690

注：***、**和 *分别表示在1%、5%、10%显著水平下显著；括号内为 t 统计量。

在上述的总负债率回归模型中，调整后的 R^2 为 0. 690，即企业的规模、成长性、盈利能力等 9 个模型要素在 69% 的程度上解释了样本公司的总负债率横截面变量。F 检验值在 99% 的置信水平上的有效性。

当解释变量的容忍度（TOLERANCE）小于 0. 10 或者方差膨胀因子（VIF）大于 10 时，说明变量之间存在多重共线性现象，这会影响到回归模型的正确估计。从软件输出结果中看出，自变量容忍度都大于 0. 10，方差膨胀因子也都在（0，10）之间，说明此模型不存在多重共线性现象，这与根据相关矩阵作出的结论是相吻合的。而长期资产负债率和流动资产负债率的回归效果不是很理想，就不在这里列出。表 4 - 4 给出了解释变量的预期符号与回归结果的对比。

表4－4   预期符号与回归结果比较

	预期符号	回归结果
投资机会	+	－
企业规模	+	+
非负债税盾	－	－
资产担保价值	+	+
净资产盈利能力	+	+
总资产盈利能力	+	－
成立年限	+	+
抗风险能力	+	－
企业成长性	－	+

结果分析：

从总体而言，企业规模、投资机会和抗风险能力是影响制造业中小企业资本结构的最主要的因素。具体分析如下：

（1）企业规模（SIZE）。实证结果表明，企业规模与总负债比率之间呈显著正相关，是影响融资结构的最主要因素，与 Titman（1988）研究结论相反。这与一般的理论假设是相吻合的，反映了企业规模越小，越倾向于股权融资，其中相当一部分是内部集资。这也与我国的实际情况是相符的，中小企业向银行贷款有较高的门槛，而仅靠自身的积累获得较快的发展也是很不现实的，所以股权性融资是最合理的选择。而公司规模越大，越能够实现多元化经营，从而抵御风险的能力较强，破产概率较低，国家在其贷款政策上通常都给予优惠和便利，也就较为容易获得贷款。公司规模往往代表着公司的实力发展的前景，同时又意味着在同行业中的地位，因此规模较大公司的信誉较高，破产风险较小，其采用负债融资的可能性也较大。而规模小的公司由于面临更大的破产风险，其长期融资成本相对较高，所以规模小的公司更倾向于短期债务融资，这样公司规模与其负债比率负相关。因此，公司规模与其负债水平最终的相关关系是上述两种相关关系综合作用的结果。

（2）盈利能力（ROA）。如模型显示，制造业中小企业的盈利能力与总负债比率之间呈显著的负相关关系，这与我们的理论假设不一致，反映中小企业选择何种融资模式对其盈利能力非常敏感，即盈利能力越好的企业，留存收益占比越高，其更倾向于股权融资，而不是负债融资。这与融资顺序理论相吻合。根据融资顺序理论，公司融资的一般顺序是：保留盈余—发行债券—发行股票。因此，当其盈利能力较强时，企业就有可能保留较多的盈余，因而就可更少地发行债券。相反，如若公司盈利能力不足，则就不可能保留足够的盈余，只能依赖于债券融资，其次是股权融资。

（3）成长性（GROWTH）。回归结果表明，企业的成长性与其财务杠杆不具有显著的相关关系，这说明中小企业的成长性与企业的融资结构的关系似乎不大，成长性所要求的对股权融资的需求并没有在所选择的样本中得到表现。我国现阶段融资渠道极为不畅，再融资难度的加大，是造成现有融资渠道并不能满足其成长性融资内在需求的根本原因。但是可以看到，企业的成长性与负债率呈正向变化，与预期符号相反，即企业的成长速度越快，负债率越高，这是因为成长性较高的中小企业，市场的扩张欲望很强，需要大量资金扩大市场，不得不依靠增加融资速度较快的负债来解决资金需求。

（4）资产担保价值（CGV）。回归结果显示，企业的资产担保价值与企业的总负债率没有显著的相关关系，这与我们的理论假设不相吻合。这是由于中小企业信誉、经营的规范性相对于已经建立现代公司制度的大企业不是很好，银行在向其贷款时，不仅要考虑其有形资产尤其是固定资产和存货这样的抵押品，更主要的是要考虑其信誉。可以说，中小企业的信贷约束不仅存在，而且在某种程度上非常严重。

（5）银企关系（AGE）。回归结果表明，企业年龄与企业的总负债率没有显著的相关关系，这说明企业成立时间对其融资结构没有任何影响，加剧了贷款约束。这是由于国内的中小企业尚未与银行建立良好的合作关系。

（6）非债务税盾（TAX）。回归结果表明，非债务税盾与企业的财务杠杆比率呈显著的负相关关系，这与我们的假设一致。与冯根福等（2000）① 的结论也一致。负债的利息都在税前支付，因此存在税盾效应，当某公司存在大量非债务税盾时，由于替代作用的存在，那些原本试图通过负债来降低税收的公司便不再热衷于负债。所以，随着非债务税盾的增加，公司负债会呈下降趋势。非负债税盾与负债融资所产生的节税利益是可以相互替代的，而且不会产生到期不能偿付的风险。因此，如果公司有较多的折旧等非负债税盾时，负债的动机便会削弱。拥有大量非负债税盾的公司要比没有这些税盾的公司更少利用债务。这从一个侧面说明了我国中小企业在融资决策时具有一定的理性。

（7）投资机会。回归结果表明投资机会与资产负债率呈负相关，与预期相反，这可能是因为，一方面，我们在这里采用未分配利润作为投资机会的代理变量，当企业的未分配利润充盈时，企业的周转资金充足，因此可能会很少

---

① 冯根福，吴林江，刘世彦．我国上市公司资本结构形成的影响因素分析［J］．经济学家，2000（5）：59－66．

借贷；另一方面，当企业投资机会多，未来发展情景乐观时，公司价值增长的空间很大，股东倾向于少借贷，最大限度地保证自己的权益。

（8）抵抗风险能力。回归结果表明抵抗风险能力与资产负债率负相关，与预期相反，当企业抵抗风险能力较强时，企业对自身的安全生产很有信心，很少启用负债融资。

（9）产品独特性未能进入模型，说明产品独特性对制造业企业的融资结构基本没有影响，这说明制造业产品独特性较差，专业化程度较低。

二、最优融资结构实证分析

最优融资结构实证研究的主要目的是通过大量融资结构与企业业绩数据，寻找出一个适合中小企业发展的最优融资结构，因此在做模型之前已经假设存在最优融资结构。

$$R_i = B_0 + b_1 \times DAR_i + b_2 \times DAR_i{}^2 + U_i \tag{4.1}$$

其中，R_i 为第 i 个企业在 2007 年的业绩，DAR_i 为第 i 个企业在 2007 年的资产负债率；U_i 表示随机干扰项；B_0 为常数项；b_1 为回归系数。

用 SPSS 统计分析软件选择二次方回归（运行结果如下所示）：

Dependent variable. . 主营业务收益率   Method. . QUADRATI

Listwise Deletion of Missing Data

Multiple R	0.39303
R Square	0.15447
Adjusted R Square	0.14889
Standard Error	0.67680

Analysis of Variance：

	DF	Sum of Squares	Mean Square
Regression	2	25.35609	12.678044
Residuals	303	138.78979	0.458052
F =	27.67817	signif F =	0.0000

------------------------------ Vatiables in the Equation ------------------------------

Variable	B	SE B	Beta	T	Sig T
DAR	0.035535	0.008970	0.902312	3.961	0.0001
DAR**2	−0.000241	0.000101	−0.545022	−2.393	0.0173
(Constant)	−0.084626	0.183878		−0.460	0.6457

（1）从拟合优度检验报告来看，模型的相关系数为 39.303%，决定系数为 15.447%，校正的决定系数为 14.889%，可见二次回归模型拟合结果并不是很好，以下只有再继续深入分析方程及参数是否经过显著性检验。

（2）由分析结果很容易看出回归方程通过了 F 检验，说明自变量资产负债率整体上对因变量主营业务资产收益率的影响显著，证明该二次方程有统计学意义。

（3）方程中各参数也通过单个自变量（资产负债率）的 T 检验，说明方程中各系数有统计学意义。

（4）从函数图中可知资产负债率确实与主营业务资产收益率成开口向下的二次方曲线关系，该模型用数学表达为

$$ZYYWZC = -0.084626 + 0.035535DAR - 0.00021DAR^2$$

（5）通过建立的二次方模型，很容易计算出最优资本结构点，即为资产负债率是 73.41% 时主营业务资产收益率为 1.2253%。

（6）经过计算，中小企业三年的资产负债率均值为 44.71%，同时依照上文的相关性分析可以发现，融资结构与经营业绩指标显著正相关。由此可以直观地推断出：在 2007 年度，大多数企业的资产负债率主要在最优资本结构的左侧变动，即随着企业的资产负债率的提高，其经营业绩也会提高。这说明了目前中小企业的资产负债率偏低，未达到最优融资结构，因此要提高资产负债率。虽然模型的代表性不够，但从中我们还是能够得出思路——理想的状态是能够达到的，我们推断中小企业存在最优融资结构（资本结构），它可以是一个确定的值，也可以存在于一个区间中，只要各个企业通过改变融资模式，拓宽融资渠道等将资本结构归入该区间，就存在使业绩达到最大化的机会。

第二节　辽宁省百强中小企业融资渠道分析

根据上一章的指标选取和研究方法，对辽宁省百强中小企业融资渠道分析主要从短期借款、应付款和其他应付款的回归结果进行分析。

一、短期借款的回归结果分析

描述性统计如表 4-5 所示。

表4－5　　　　　　　　　　　**Descriptive Statistics**

	Mean	Std. Deviation	N
短期借款	0. 194056	0. 1597481	102
企业规模	8. 745853	0. 4299998	102
其他应付款	0. 021015	0. 0223122	102
应付款	0. 173933	0. 1242029	102
资产担保价值	0. 493462	0. 1611838	102
投资机会	0. 123202	0. 0609162	102
营运效率	0. 915954	0. 6919248	102
成立年限	6. 980392	2. 3921505	102
净资产盈利能力	9. 882969	5. 3732045	102

回归结果如表4－6、表4－7所示。

表4－6　　　　　　　　　　　**Model Summary**

Model	R	R Square	Adjusted R Square	Std. Error of the Estimate
1	0. 629^a	0. 396	0. 344	0. 1293871

注：a：Predictors：（Constant），净资产盈利能力，其他应付款，成立年限，应付款，资产担保价值，投资机会，营运效率，企业规模。

表4－7　　　　　　　　　　　**ANOVA^b**

Model		Sum of Squares	df	Mean Square	F	Sig.
1	Regression	1. 021	8	0. 128	7. 620	0. 000^a
	Residual	1. 557	93	0. 017		
	Total	2. 577	101			

注：a：Predictors：（Constant），净资产盈利能力，其他应付款，成立年限，应付款，资产担保价值，投资机会，营运效率，企业规模。

b. Dependent Variable：短期借款。

表4－8　　　　　　　　　　　回归输出结果：**Coefficieuts^a**

Model	未标准化系数		标准化系数	t	Sig.	共线性检验	
	B	Std. Error	Beta			容忍度	方差膨胀系数
1 （Constant）	－ 1. 182	0. 446		－ 2. 648	0. 010		
企业规模	0. 154	0. 057	0. 416	2. 697	0. 008	0. 274	3. 655
其他应付款	－ 0. 986	0. 582	－ 0. 138	－ 1. 693	0. 094	0. 983	1. 017
应付款	－ 0. 352	0. 151	－ 0. 273	－ 2. 327	0. 022	0. 471	2. 125

续表

Model	未标准化系数		标准化系数	t	Sig.	共线性检验	
	B	Std. Error	Beta			容忍度	方差膨胀系数
资产担保价值	0.372	0.099	0.376	3.757	0.000	0.650	1.538
投资机会	-0.595	0.247	-0.227	-2.410	0.018	0.732	1.366
营运效率	-0.041	0.029	-0.179	-1.445	0.152	0.423	2.363
成立年限	0.001	0.005	0.008	0.097	0.923	0.964	1.038
净资产盈利能力	0.003	0.003	0.107	1.084	0.281	0.670	1.493

注：a：因变量（短期借款）。

表4-9　　　　　　　　　　回归结果

自变量　＼　因变量	短期借款
β_0	-1.182 *** (-2.648)
投资机会	-0.595 ** (-2.410)
企业规模	0.154 *** (2.697)
营运效率	-0.041 (-1.455)
资产担保价值	0.372 *** (3.757)
净资产盈利能力	0.003 (1.084)
成立年限	0.001 (0.097)
应付款	-0.352 ** (-2.327)
其他应付款	-0.986 * (-1.693)
F 调整 R^2	7.620 *** 0.344

注：***、**和 * 分别表示在1%、5%、10%显著水平下显著；括号内为t统计量。

　　短期借贷模型回归结果表明，企业规模、资产担保价值、投资机会、其他应付款、应付款是其主要影响因素。分析如下：

　　1. 作为中小企业间接融资的两个主要渠道——银行借贷和商业信贷，我们的回归结果显示，二者之间具有显著（95%水平）负相关性。中小企业和银行存在严重的信息不对称现象，从银行机构获得贷款审批难度大，作为应付款形式的商业信贷和私人民间非正式借贷自然就成为银行借贷的有效替代，这也在一定程度上证实了辽宁省中小企业信贷约束的严重性。当然，还需要反向检验，即检验短期借款对应付款的影响。在金融市场功能缺失和金融体系发育滞后的"二元经济"转轨国家中，普遍存在银行机构对中小企业的信贷配给行为，嵌入在社会关系网络中的企业间非正规融资体系——商业信贷，在相当程度上就成为中小企业间外部短期融资的主要来源。[①]

　　2. 从国内外大量研究文献来看，"企业成立时间"变量可以作为银行机构"关系型借贷"的重要检验依据。然而，在我们模型回归结果中此变量未能通过显著性检验，对此解释是：第一，我国银行并不重视通过与小企业的长期交易关系来获取小企业经营状况的"软信息"，以此来缓解小企业信贷配给产生的根源——信息严重不对称问题，反映了我国银行机构内部组织结构、信息处理机制与激励机制等方面可能存在重大缺陷。表面上来看，"关系型贷款"反映的只是一种融资手段，而其背后的深层次含义是我国多层次、多样化、具有擅长处理不同信息能力和成本差异的多层次金融体系构建的现实紧迫需要。[②]第二，鉴于我国现行的以法律形式确定的抵押担保品要求、利率管制与金融机构进入管制等金融抑制政策下，中小企业没有享用到通过关系型借贷方式获取的融资收益优势，因此也就失去了与银行建立长期合作关系的途径和动力。第三，中国银行业竞争激烈，在这样的宏观环境下，银行对一些业绩良好的中小企业的贷款和基本账户开设业务采取各种营销和优惠手段进行竞争，结果造成了少数优质的中小企业银行借贷过度，而绝大多数中小企业银行借贷严重不足的扭曲现象。

　　3. 根据银行的稳健性经营原则，银行的贷款决策更强调贷款的安全性，

　　① 张杰，刘东. 商业信贷、融资约束与我国中小企业融资行为——基于江苏省制造业企业的问卷观测和实证分析 [J]. 金融论坛，2006（10）.

　　② 张杰，尚长风. 资本结构、融资渠道与小企业融资困境———来自中国江苏的实证分析 [J]. 经济科学，2006（3）.

所以资产担保价值与短期借贷表现出显著的正相关。这表明银行在发放贷款时，主要考察中小企业的抵押能力。而对于中小企业而言，当企业的担保实力雄厚时，会考虑向银行借款，成本较低。

4. 企业规模对短期贷款的影响最大，可以解释 15.4%，两者呈同向变动，这一方面显而易见，从资金的需求者角度而言，规模大的企业运营和销售都需要大量的资金支持，而商业借贷和私人民间非正规金融借贷数量较少，成本较高，更适合短期周转。从资金供给者的角度而言，通常规模较大的企业都比规模相对小的企业信用度高，因为贷款者认为，企业的发展壮大是一个循序渐进的过程，企业在发展的过程中不断累积经验和不断锻炼能力，固定资产的数量也在一直攀升，在市场上的地位更稳固，所以抵御风险的能力就越强，因此银行也愿意将贷款发放给规模大的企业。

5. 投资机会与短期贷款表现为负相关。因为投资机会的代理变量是未分配利润，未分配利润在一定程度上反映了企业经营管理者对企业未来的前景预测良好。这样的企业通常市场竞争性强，获得的利润多，可以满足日常生产经营所必备的资金，所以不会经常向银行申请贷款。

6. 营运效率未能通过显著性检验，但是可以看到两者负相关。理论上，营运能力好的企业，资金周转率较好，因此日常流动资金较充沛，如果有临时资金紧缺可以寻求商业借贷和非正规金融借贷，获得资金的效率高，而不倾向于向银行申请贷款，因为审批程序复杂，费时费力。

7. 资产盈利能力也未能通过显著性检验，但两者呈正相关。说明银行发放贷款时比较青睐于盈利性好的企业，它们认为这样的企业还本付息的能力较强。而企业利润充足时，源源不断的现金流的流入增强了企业偿还债务的信心，也会促使企业考虑多借债来支持企业更大的发展。

二、应付款回归结果分析

回归结果如表 4 - 10、表 4 - 11 所示。

表 4 - 10 **Model Summary**

Model	R	R Square	Adjusted R Square	Std. Error of the Estimate
1	0. 834ª	0. 695	0. 665	0. 0718707

注：a：Predictors：(Constant)，其他应付款，净资产盈利能力，抗风险能力，短期借款，企业规模，资产担保价值，产品独特性，总资产盈利能力，市场竞争力。

表 4 – 11 ANOVA[b]

	Model	Sum of Squares	df	Mean Square	F	Sig.
1	Regression	1.083	9	0.120	23.293	0.000[a]
	Residual	0.475	92	0.005		
	Total	1.558	101			

注：a：Predictors：（Constant），其他应付款，净资产盈利能力，抗风险能力，短期借款，企业规模，资产担保价值，产品独特性，总资产盈利能力，市场竞争力。

b：Dependent Variable：应付款。

表 4 – 12 回归结果

自变量 ＼ 因变量	应付款
β_0	1.486 **
	(1.743)
产品独特性	– 2.179 ***
	(– 2.777)
企业规模	0.126 ***
	(4.529)
市场竞争力	– 0.024 ***
	(– 2.880)
资产担保价值	– 0.229 ***
	(– 3.634)
净资产盈利能力	0.014 ***
	(4.578)
总资产盈利能力	– 0.017 ***
	(– 5.245)
抗风险能力	– 0.011 *
	(– 1.778)
短期借款	0.099 *
	(– 1.766)
其他应付款	– 0.825 **
	(– 2.496)
F	23.293 ***
调整 R^2	0.665

注：***、**和 * 分别表示在 1%、5%、10% 显著水平下显著；括号内为 t 统计量。

在应付款影响因素的回归模型中，所有的解释变量均在统计上显著。结果表明，应付款主要由产品独特性、企业规模、市场竞争、资产担保价值、净资产盈利能力、总资产盈利能力和其他应付款来决定。

1. 应付款与短期贷款呈负相关关系，说明短期借款和应付款是相互决定的因素。为了说明这种影响的大小，我们去掉短期借款再次进行回归，结果拟合度由 0.665 下降到 0.658，下降并不显著，说明短期借款对应付款的影响要小于应付款对短期借款的影响，即应付款相对独立于短期借款。这证明了中小企业在商业信贷不足的情况下才选择从银行贷款。也从一个侧面表明，辽宁省中小企业面临着严重的信贷约束。

2. 中小企业总资产盈利能力和净资产盈利能力均通过了显著性检验。总资产盈利能力与应付款负相关，而净资产盈利能力与应付款正相关。

3. 产品独特性与应付款负相关。可以这样认为，当企业的产品独特性较高时，通常预示着企业在同类产品市场上的竞争性很强，可获得的利润也多，可以满足日常生产经营所需要的资金，对短期周转的资金需求低，所以不会时常采用高成本的商业借贷。

4. 资产担保价值与其负相关，因为资产抵押能力强的企业，更倾向于向银行贷款。因为这样的企业获得贷款相对容易，银行在发放贷款时，企业可提供的担保是很关键的权衡指标。

5. 企业规模与其正相关。因为规模大的企业日常经营所需要的短期流动资金就越多，因此采取商业信贷的几率就更大。

三、其他应付款回归结果分析

回归分析结果如表 4 - 13、表 4 - 14、表 4 - 15 所示。

表 4 - 13　　　　　　　　　**Model Summary**

Model	R	R Square	Adjusted R Square	Std. Error of the Estimate
1	0.313[a]	0.098	0.051	0.0217323

注：a：Predictors：(Constant)，企业规模，总资产盈利能力，短期借款，应付款，净资产盈利能力。

表 4 - 14　　　　　　　　　　**ANOVA**[b]

	Model	Sum of Squares	df	Mean Square	F	Sig.
1	Regression	0.005	5	0.001	2.092	0.073[a]
	Residual	0.045	96	0.000		
	Total	0.050	101			

注：a：Predictors：(Constant)，企业规模，总资产盈利能力，短期借款，应付款，净资产盈利能力。
　　b：Dependent Variable：其他应付款。

表 4 – 15   **Coefficients**^a

Model	Unstandardized Coefficients		Standardized Coefficients	t	Sig.	Collinearity Statistics	
	B	Std. Error	Beta			Tolerance	VIF
1（Constant）	− 0.039	0.060		− 0.652	0.516		
短期借款	− 0.033	0.015	− 0.238	− 2.187	0.031	0.795	1.258
应付款	− 0.067	0.027	− 0.372	− 2.449	0.016	0.407	2.457
净资产盈利能力	0.002	0.001	0.487	2.183	0.031	0.189	5.291
总资产盈利能力	− 0.003	0.001	− 0.578	− 2.576	0.012	0.187	5.355
企业规模	0.010	0.007	0.186	1.300	0.197	0.458	2.182

注：a：Dependent Variable：其他应付款。

其他应付款的回归模型效果不是很理想，F 检验通过 10% 水平的检验。R^2 仅为 0.051。通过多次模型筛选我们发现，在现有变量中较为有效的决定变量为主营业务收入、货币资金和短期借贷，其他变量只能降低拟合优度。

短期借贷与其他应付款呈现高度显著负相关，表明在正规金融机构融资渠道受到约束条件下，中小企业融资渠道中非正规金融对正规金融的替代。所以这也从另一个侧面证实了大力发展非正规金融，对于拓宽中小企业融资渠道、缓解融资瓶颈大有裨益。

总资产盈利能力与其他应收款显著负相关，说明中小企业盈利能力越强，其可流动货币资金越多，自有资金与现金流充足，因此进行高成本的私人借贷的动机就越小。

企业规模与其他应付款正相关，通常情况下企业规模越大，业务种类越多，日常经营所需要的短期流动资金就越多，因此向私人民间非金融机构举债的几率就更大。而规模大的企业通常是实力较强，因此获得商业借贷的壁垒越低。

通过对融资渠道的分析，我们发现：社会信用体系的缺位，商业信贷作用受到严重阻滞，是辽宁省中小企业信贷约束与融资困境的主要原因；作为依赖银企间长期合作关系所产生"软信息"的"关系型借贷"在辽宁省银行机构中并未有效使用；以固定资产为抵押担保的银行贷款政策加剧了中小企业融资困境，构建以存货和应收款等动产抵押担保的金融安排是解决中小企业信贷约束的现实取向；现阶段非正规金融在缓解中小企业融资困境方面起到一定作用。

第三节 辽宁省百强中小企业融资效率分析

一、融资效率的含义

在西方文献中，几乎不存在融资效率这一概念，国内理论界对"企业融资效率"概念的界定有多种观点。如卢福财（2001）[①] 把企业融资效率定义为企业某种融资方式或融资制度在实现储蓄向投资转化过程中所表现出来的能力与功效。赵德志、李国疆、周好文在他们对中国融资制度改革所进行的研究中指出："融资效率包括筹资效率和配置效率"；国内学者魏开文（2001）[②] 根据我国中小企业的融资特点，运用模糊数学方法，通过股权融资效率、债权融资效率与内部融资效率对比，对中小企业融资效率进行模糊综合评价。马亚军、宋林（2004）[③] 将企业融资效率定义为能够创造企业价值的融资能力，并指出企业的融资效率包括三方面的含义：一是指企业能否以尽可能低的成本融通到所需的资金；二是表现为企业所融通的资金能否得到有效的利用；三是要从比较的和动态的观点来分析企业融资效率。

我们将融资效率定义为

$$融资效率 = 投资报酬率/资金成本率$$

本书认为融资效率可由两方面来判断：一是企业的融资成本，即企业以何种资本结构筹集到的资金花费的成本最低，这包括企业在多种融资工具之间作出成本最低的选择以及能否及时足额筹措到所需资金的能力。企业的融资效率从企业自身角度来看是在给定市场约束条件下各种融资方式的选择问题，实际效率的提高取决于市场条件的配合。从这一意义上说，企业融资效率的提高是企业和市场相互作用的结果。二是企业筹集到的资金是否能够发挥最大效应，以及是否给企业的业绩带来提高并最终实现企业价值的最大化。从企业的角度来看，企业所取得的资金能否得到有效利用，所投资的项目能否获得最佳效益，直接决定了企业融资成本和融资效率的高低。如果企业的投资收益还不足以补偿融资成本的要求，即使融资成本再低，融资效率无疑是低下的。从整个

---

① 卢福财. 企业融资方式演变的历史逻辑与国际比较 [J]. 当代财经, 2001 (4).
② 魏开文. 中小企业融资效率模糊分析 [J]. 金融研究, 2001 (6).
③ 马亚军, 宋林. 企业融资效率及理论分析框架 [J]. 吉林财税高等专科学校学报, 2004 (2).

融资制度角度来看，大量微观主体的资金使用效率低下必然无益于资本资源的有效配置。因此，企业融资效率的概念还要包含融入资金的收益性或增值性特征。[①]

二、实证结果分析

根据上一章的变量选取、样本选择和模型构造，得到表 4 – 16 的回归结果。

表 4 –16　　　　　　　　　　回归结果汇总分析

自变量 ＼ 因变量	净资产盈利能力	总资产盈利能力	主营业务收益率
β_0	11. 659 *** (6. 221)	13. 690 *** (8. 511)	43. 375 *** (10. 123)
资产负债率	− 0. 047 (− 1. 138)	− 0. 101 *** (− 2. 816)	− 0. 409 *** (− 4. 292)
F	1. 294	7. 931 ***	18. 423 ***
调整 R^2	0. 004	0. 091	0. 202

注：***、**和 * 分别表示在 1%、5%、10% 显著水平下显著；括号内为 t 统计量。

1. 实证检验结果表明：

（1）净资产收益率和资产负债率二者之间存在弱负相关关系，因为资产收益率的相关系数 r 不显著且为负数，同时，从回归方程的拟合度看，R^2 为 0. 004，表明方程拟合不好。这说明，对于制造业中小企业而言，其资产负债率不能很好地解释其净资产收益率。

（2）资产负债率与总资产收益率、主营业务利润率之间表现出了显著的负相关关系，且 R^2 基本令人满意。实证检验结果与假设不相符。这表明，制造业中小企业资本结构影响企业融资效率，而且呈负相关关系。

2. 结果分析。

（1）制造业中小企业的资本结构对其融资效率产生了副作用。这似乎与资本结构理论中适度的负债能降低企业成本、提高融资效率、增加企业价值的结论相反。表明了制造业中小企业负债水平偏高，负债的副作用已经超过了其对企业价值的提升作用。所以其融资结构很难处于优化合理状态。从企业筹资

---

① 段永峰，曹明华，罗海霞. 影响中小企业融资效率的要素分析及其对策 ［J］. 山地农业生物学报，2004（6）.

效率来讲，由于负债率偏高导致企业融资成本偏高，从而影响企业的权益资本收益率，企业债务风险加大，最终导致企业资金的产出效率降低。

（2）制造业中小企业的资本结构不合理。企业的净资产收益率、总资产收益率、主营业务利润率与资产负债率的负相关关系，说明企业没有有效地利用财务杠杆效应，制造业中小企业资本结构的财务杠杆效应处于不合理状态。这表明，对于那些规模较大、收益能力较强的制造业中小企业，在盈利水平较高的情况下，忽视了通过借入资金来提高权益资本的获利能力，从而丧失了可能获得的财务杠杆利益。相反，对于那些规模较小、收益能力较差的制造业中小企业，在盈利水平较低的情况下，个别企业却忽视过多使用负债资本带来的风险而维持偏高的负债水平，从而造成了财务杠杆损失。[①]

（3）制造业中小企业债权融资、股权融资效率低。制造业中小企业的融资效率与资产负债率的负相关关系，这也表明企业进行债务融资时没有充分考虑融资效率问题。我们横向比较了样本企业 2005～2007 年的净资产收益率变化情况，发现制造业中小企业的债权融资和股权融资效率是比较低的。

综合以上分析，制造业中小企业的融资结构影响融资效率，而且融资结构对融资效率产生了副作用，说明制造业中小企业资本结构优化意识淡薄，资本结构不合理，融资效率低下。因此需要降低负债水平，拓宽融资渠道，增加企业权益性融资，以提高融资效率，提升企业总体价值。

---

① 尹建中. 民营制造企业资本结构与融资效率的实证分析 [J]. 事业财会, 2006 (4): 31 - 34.

第五章

辽宁省中小企业融资策略讨论

通过实证分析，可以得到如下启示：（1）我们推断存在使企业收益达到最大化的最优融资结构（或最优融资结构区间），而中小企业的资产负债率普遍偏低，尚未达到最优融资结构，因此要提高资产负债率。而回归结果告诉我们，融资结构与企业经营业绩呈正相关，也就是说，企业可以通过优化自身的融资结构来增加经营收益。对于影响中小企业融资结构的财务因素，我们也做了深入地研究，因此企业可以通过优化这些财务指标，增强企业自身竞争力来改善融资困境。（2）应付款、短期借款和其他应付款存在显著的相互替代关系。短期借款对应付款的影响程度明显小于应付款对短期借款的影响程度，即应付款相对独立于短期借款，这一结果，更充分地证实了中小企业只有在商业信贷不足的情况下，才会向银行申请贷款。也就是说中小企业存在严重的信贷约束问题。（3）社会信用体系的缺位，商业信贷作用受到严重阻滞，是我国小企业信贷约束与融资困境的主要原因。（4）作为依赖银企间长期合作关系所产生"软信息"的"关系型借贷"在我国银行机构中并未有效使用。（5）以固定资产为抵押担保的银行贷款政策加剧了小企业融资困境，构建以存货和应收款等动产抵押担保的金融安排是解决小企业信贷约束的现实取向。（6）现阶段非正式金融在缓解小企业融资困境方面起到一定作用。

上述实证分析的结论，为我们提出辽宁省中小企业走出融资困境的对策提供了思路，具体对策要同时从内部、外部两方面着手。要从根本上解决辽宁省中小企业资金融通中的种种困难，迫切需要从制度体系上进行深入的研究，尽快建立一个能够适应并加速中小企业发展的融资体系。这一融资体系应当是一个相对完整的内源融资和外源融资的体系，而且是一个在外源融资方面政策性融资、直接融资和间接融资三者不可或缺的综合体系，从而为中小企业发展创造一个稳定的融资环境和可靠的融资保障机制。而该体系的建立必须依靠四方面力量的组合，即提高中小企业自身融资能力，优化中小企业融资的外部环境，完善中小企业信用体系，加大政府的政策扶植力度。

第一节　提高中小企业自身的融资能力

现代经济是一种信用经济，信用关系的正常运行是保障本金回流和价值增值的基础。中小企业融资难最根本的症结在于缺乏信用保证，投资风险太大。企业要获取金融支持，必须具备相应的信用条件，所以，中小企业应在市场竞争机制下不断提高其自身素质，以增强其融资的竞争能力。

一、转换企业经营机制，构建企业的法人治理结构

企业的信用离不开其稳定的经营绩效，而企业的经营绩效是与企业的制度密切相关的，这也正是我们改革国有企业制度的原因所在。一个有效的企业制度应当有利于聚集优秀的管理人才，能有效地降低企业决策失误的风险。而辽宁省中小企业的家族封闭性、用人机制上的任人唯亲、经营决策上的个人独断专行，皆缘于其产权主体的单一性。因此，要降低中小企业的经营决策风险，提高其信用水平，增强其融资能力，中小企业必须按照现代企业制度的要求实行公司制改造。通过股份制、股份合作制等改制形式实现企业产权主体多元化，建立公司制法人治理结构，从而使企业焕发出新的生机和活力。公司制企业不同于独资企业或合伙企业的一个重要特点是，其财产主体的多元化和社会化，在这样的企业里，价值形态的财产所有权和实物形态的财产所有权相分离，投资者拥有价值形态的所有权，但不能对公司的经营决策为所欲为。董事会作为企业法人财产的所有者，掌握着企业的经营决策大权。这种财产制度能有效地消除中小企业的经营决策由投资者独断专行的弊端。在企业财产制度创新的同时，还要构建科学的企业法人治理结构，企业的股东会、监事会和董事会应相互制衡，董事会成员应多元化，它不仅包括企业的投资者，而且也包括来自社会的独立董事及员工代表，以保证董事会决策的科学和民主。

二、提高资金使用效率，改善内源融资条件

中小企业应逐步改善自身的内源融资条件，使自己走上自我积累、自我发展的道路，从而也使企业的信贷资信能力和自身的融资地位得到进一步提升。中小企业内源融资比例的提高，要靠政府适当降低企业上缴的利税水平，但更

为重要的是要靠中小企业强化内部经营管理，提高资金使用效率，使其有可能提高生产发展基金的提留比例，不断提高自身资本积累的能力和水平。根据市场需求和自身特点，找准市场定位是中小企业生存的法宝，它要求中小企业能够迅速把握发展机会并采取相应的行动。个性是中小企业生存的基本，没有个性的中小企业无法生存，这就是市场竞争的残酷法则。而没有个性恰恰是辽宁省众多中小企业面临的主要问题，中小企业由于生产和经营的同一性导致恶性竞争，使其生存遇到前所未有的困难。中小企业要想在经济发展中发挥更大作用，特别是在未来发展战略中，中小企业有必要根据市场变化的情况和中小企业的经营特点，重新构造企业竞争力，增强企业后劲，促进企业形成生产经营资金的良性周转和循环。

三、加强中小企业的自身信用修养及企业间合作，提高融资能力

中小企业要取得社会各界的信任与支持，应牢固树立信用第一的观念。一方面，中小企业经营者要加强金融法规的学习，尤其是在转轨建制过程中，应自觉地坚持诚实经营，履约守信，不逃废、悬空金融债务，真正在社会上树立起守信用、重承诺的良好形象。另一方面，中小企业要规范和完善企业财务规章制度，认真按照有关部门的规定，做好财务管理工作，做真账真报表，定期提供全面、准确的财务信息。要税款足额缴纳，贷款按时还本付息。只有这样，才能提高企业自身的信用等级，才能解除银行"惧贷"心理，才能在硬件上更多地符合银行贷款条件。

同时，在申请银行贷款的过程中，优良中小企业间应加强合作，互相提供担保，建立融资协作关系，以求共同发展。另外，中小企业还应提高贷款申请的计划性，通过做好申请贷款的前期准备，配合银行提高贷前审查效率，使中小企业自身及时、顺利地获得贷款支持。

四、加快企业技术改造和产品更新，发挥创新潜能

当今社会，科技进步和创新成为世界的主题，技术演化的速度越来越快，知识经济为中小企业提供了许多机会和挑战，同时，经济全球化既为中小企业发展提供了更广阔的市场，也使竞争扩展到世界范围，我国已经加入世贸组织，与全球经济融合是必然的趋势。摆在中小企业面前的形势是不进则退。所以中小企业要充分发挥自己的优势，走高科技道路，依靠科技成果，加速企业技术改造，不断发挥创新潜能，推出高质量的新产品，以提高企业市场竞争力。

五、建立正确的融资观念，善于利用多种融资方式

（一）间接融资

长期以来，中小企业与提供间接融资服务的银行在融资问题上缺乏一种良好的协调与沟通，事实上二者关于融资问题的认识差异源自各方对自身利益的思考。从企业角度考虑，如果要把银行融资作为主要融资管道，则企业唯有树立正确的融资观念，认真检查自己的财务状况，充实自己的融资条件；增强自己的获利能力；妥善利用商业信用，与银行建立良好关系，诸如主动提供相关业绩、财务数据供银行参考，扩大企业经营的透明度，这是要想获得银行的资金支持的必要条件；将资金尽可能地集中于往来银行，创造最佳的存款及外汇往来业务以显示对银行的信赖和提高自己在银行的讨价还价能力等。

（二）直接融资

开辟直接融资渠道的理由在于：首先，由于大银行向中小企业提供贷款的费用较高，如果通过政策对大银行施压，则必然对大银行形成一种政策性负担，从而加大银行的营运成本。因此放宽中小企业特别是高新技术企业上市融资条件和发行债券的条件，为中小企业的直接融资创造与其他大中型企业同等竞争的政策环境，显得尤为重要。企业在融资方式上存在着多种选择。除了传统的间接融资方式外，直接融资因为具备能够得到不需偿还的外部所有权融资、改善企业资产负债结构、有效配置社会资源的优势而备受关注。现阶段，直接融资无疑是解决中小企业融资困难、融资渠道单一问题的重要方式。其次，与大型企业相比较，广大的中小企业运行机制灵活，因而更具备进行直接融资方式创新的先决条件。如进行股份合作制改造、开辟一板市场、积极发展风险投资、充分利用国外资金等。

六、建立融资型中小企业俱乐部，为中小企业的融资提供资源共享的交流平台

尽管本书中已经提出了很多解决中小企业融资问题的对策，但是似乎还无法迅速地从根本上解决中小企业融资的难题，中小企业之间还应该亲自参与进来，并结合政府、金融机构以及其他中介机构的力量，通过组建中小企业的融资型俱乐部的方式等，建立中小企业的资源共享、融资交流的平台，从而达到更好地改善中小企业融资的目的。

（一）融资型中小企业俱乐部的界定

融资型中小企业俱乐部是一个以中小企业为主体，包括政府、银行、高校

和科研机构、会计师事务所、律师事务所和券商参与的、官产学研相结合的、协会式的联合体。可以从四个方面来理解：一是俱乐部的性质是为中小企业融资；二是俱乐部成员是以中小企业为主体；三是俱乐部的其他成员参与者是来自社会的各个方面；四是俱乐部是一个协会式的联合体，是与社会各个方面的成员参与者进行的联合。总之，融资型中小企业俱乐部就是通过与社会各方的成员参与者互相联手，通过发挥其各自所长，协同努力，来解决已参与俱乐部的中小企业的融资问题。

（二）建立融资型中小企业俱乐部的目的

建立融资型中小企业俱乐部的宗旨是自愿、互信、互利。其运行的方针是：针对目前中小企业发展中遇到的资金"瓶颈"问题，俱乐部先从各方面培训中小企业，从而提高其自身各方面的素质，即对成员中小企业进行硬件和软件各方面的"包装"，再用各自的财产共同为一个企业担保来帮助中小企业融资，以解决中小企业资金困难及自身存在的一系列现实问题，达到建立融资型中小企业俱乐部的最终目的。

（三）融资型中小企业俱乐部的特征

构建融资型中小企业俱乐部，必须使其具有下列特征：

1. 非盈利性。融资型中小企业俱乐部本身不是一个营利性组织，它是一个为俱乐部内中小企业进行各方面服务的组织，其所需经费主要以会员费形式向各中小企业收取，收取费用主要用于对其开展的服务所用。

2. 非竞争性。融资型中小企业俱乐部与各中小企业之间不具有竞争关系，与社会成员参与者也无竞争关系，它仅仅是为这些企业解决融资问题的一个桥梁，以提高俱乐部内中小企业的自身实力为前提。

3. 多功能性。融资型中小企业俱乐部主要为中小企业进行融资服务外，还为各中小企业提供市场信息、政策咨询、信息咨询、管理咨询、人员培训等多方面的服务。

4. 分散风险性。分散单个的中小企业在银行贷款中的贷款风险，提高企业实力，方便容易地获得银行的支持，从而为其获得银行提供的贷款。

5. 资源共享性。融资型中小企业俱乐部中可以实现信息、资金、资产、经验等资源共享，通过共享资源，可以完成其中任何一家中小企业都很难单独完成的项目，可以大大节约要取得这些资源的人力、物力、财力等经营成本。同时，融资型中小企业俱乐部开展的种类繁多的、旨在规范企业的培训活动，包括各方面的培训如金融信贷、财务税收、法律等，时刻提供最新的信息、财务等。可以最大限度地提高中小企业之间的资源共享、共同学习的能力。

6. 便捷与节约性。融资型中小企业俱乐部开展的种类繁多的服务活动，能满足中小企业发展中的"一站式"需要，既方便又能大大降低中小企业寻求这些服务的成本。

（四）融资型中小企业俱乐部的作用

1. 桥梁作用。融资型中小企业俱乐部，主要为解决俱乐部内中小企业的融资难问题，得到俱乐部在融资、技术、信息等各方面的支持，尤其是中小企业经营者相互间担保，来解决资金不足的压力，并从中接受企业经营的教育和培训，提高自身的经营素质、取得经营技巧。同时，中小企业在融资型中小企业俱乐部将会得到经营业绩示范，以减少经营风险，促进中小企业经营者相互间的支持，有利于中小企业各自经营业绩的提高，进而可以组成集团，形成宏观优势，有利于发展具有地方特色的核心竞争力的经济格局。这些功能的实现，都需要俱乐部从中牵线搭桥，使中小企业能够得到俱乐部内各职能部门的帮助与支持，得到社会方方面面的支持，促进其健康、稳步发展。

2. "调配器"效应。这种"调配器"的效应，即人、财、物等方面之间的协调效应。也就是融资型中小企业俱乐部为达到规范、扶持的目的，为使其内部成员协调发展，并实现价值链最优所进行的一系列活动。如中小企业的融资难问题有明显的改善、企业自身的实力在稳步增强、各参与部门拓展了业务，建立了稳定的客户群，达到了参与的职能部门与与会中小企业的共同协调发展。

3. "扩大器"效应。这种"扩大器"的效应，即向社会展示自己的效应。融资型中小企业俱乐部开展的各类服务与活动，达到的各种应有的目的，无疑是与会中小企业向社会宣传自己、宣传与会职能部门、宣传俱乐部的一种最好手段，也无疑是与会职能部门、俱乐部向社会的所有企业扩大业务的最佳方式。

另外，在构建融资型中小企业俱乐部的时候，除了要充分发掘中小企业自身的力量外，政府的大力引导与扶持也十分重要。在此，笔者建议，政府应结合民间中介组织的力量，牵头组建融资俱乐部，并在资金来源、机构设立、俱乐部规则与制度的建立过程中，充分借鉴国内外的先进经验，切实发挥融资型中小企业俱乐部的优势，为中小企业提供资源共享的交流平台。

第二节　优化中小企业融资的外部环境

民营中小企业融资难的问题，从根本上讲是由于融资环境制约了民营中小企业的融资，堵塞了融资的渠道。因此，要从根本上解决民营中小企业融资难的问题，就必须优化民营企业融资环境，进一步拓宽融资渠道，完善融资制度供给。基于这一意义，笔者建议，应综合各方面的因素，全面构建复合共生型的多元化中小企业融资体系，优化中小企业融资的外部环境，真正为辽宁省中小企业的融资改善提供支持。

一、强化东北老工业基地的区域优势，进一步吸引与利用外资

目前，辽宁省应该充分利用国家振兴东北老工业基地的政策扶持与区域优势，不断提高吸引与利用外资的力度，增加中小企业的融资渠道。这一方面要求地方政府不断转变职能，强化服务观念，优化区域投资环境；另一方面，还应该切实吸取中国改革开放三十多年来的经验与教训，注意引导外资的投向，将外资的投向紧扣当地产业结构调整方向，引导外资投向辽宁省基础设施、装备制造业、原材料等产业，重点引进那些能够和当地互促的、互补的、先进的、有利于产业升级和结构优化的外资项目，从而提高当地经济的综合竞争力，带动地区经济整体素质的提高，提升对外开放的整体水平，加速辽宁省老工业基地的振兴，从而达到既为中小企业提供融资渠道，又促进产业结构调整的双重目的。

二、拓展中小企业的融资管道，促使中小企业融资的多元化

（一）逐步建立地方性的中小企业发展专项基金

作为扶持中小企业发展的政策性资金，与已有的担保资金、乡镇企业发展基金等政策性资金配套，用于中小企业的创业资助、产品结构调整和升级、技改贴息、科技创新和高新技术产业化、服务体系建设、信用担保风险补偿等方面支出。

（二）大力组建金融机构分支机构

积极吸引国内有实力的股份制银行、外资银行和其他金融机构在本地设立分支机构，以增加中小企业贷款融资的资金供给。鼓励国外和省外的租赁融资机构到辽宁省设立分支机构，加强商业银行与外贸部门、国内设备生产和经销

部门合作，对中小企业开展设备的融资租赁业务，以解决中小企业设备陈旧、更新困难的问题。要充分发挥典当行在中小企业融资中的快捷优势，加强对典当行业的监管，在规范行业行为的基础上，发展对中小企业的小额融资服务业务。

（三）改造和创新间接融资渠道，为中小企业提供更多的融资便利

1. 转变金融机构的服务观念，加强对中小企业提供融资的信贷与金融产品创新。由于银行业的特殊性质，在现阶段还未建立起一个客户细分、市场细分明确的立体化、多层次的银行体系，大型商业银行市场份额还占70%以上的情况下，中小企业的融资依然要依赖传统的大型商业银行。但要对国有商业银行进行制度创新，切实转变其服务观念：

一是商业银行要辩证地看待大、中、小企业的关系。要以经营效益为准则，打破以企业规模、性质作为支持与否的框框，支持中小企业的合理资金需求，要遵循公平、公正和诚信原则，逐步提高对中小企业信贷投入的比重，调整国有商业银行的信贷政策，修改企业信用等级评定标准，为中小企业营造公平的贷款环境。

二是要在商业银行的组织制度方面有所创新。现在，各国有商业银行总行已设立了中小企业信贷部，一级分行和作为基本核算单位的二级分行也应尽快设置专门的中小企业信贷机构，以制定和执行对本地区中小企业金融服务的策略、贷款运营与管理模式。同时，要改革现行的贷款审批程序，形成合理的制度安排，建立适合中小企业的授信制度政策和程序，并在年度信贷计划总盘子中确定一个批发贷款和零售贷款的合理比例，适当扩大二级分行用于中小企业的零售贷款的份额。

三是商业银行应在加强防范金融风险的前提下，为中小企业的发展提供与之相适应的金融服务，使中小企业能够及时抓住稍纵即逝的发展机遇得到迅速发展。要针对中小企业的不同情况，采取不同的贷款办法。对一些规模相对较大、信誉良好的中小企业也可考虑建立主办银行制度，减少对客户的管理层次，简化审批程序，或实行先贷后审制度，适应中小企业资金"要的急、频率高"的特点，及时满足其合理的资金需要。

四是可以尝试打开风险信贷渠道。商业银行应该划出一定规模的信贷资产，支持有市场前景的、高成长的、高新科技中小企业，进行封闭运作，在控制风险的前提下，保证贷款本息，并通过合同约定持有借款人一定比例的干股、期股，可以享有其权益资本升值的股差，来补偿贷款的风险。

五是应加强金融产品的创新，为中小企业提供多种融资工具，从而更好地

为中小企业的融资提供服务。

2. 建立和完善与中小企业相适应的多层次、多元化和多种所有制形式的中小金融机构体系。

市场经济的发展决定了企业存在永恒的多层次性，并由此带来金融服务领域的分化，促使国有商业银行和中小金融机构逐步形成各自最能发挥自身服务功能优势、服务需求特点迥然不同服务领域的特色。中小企业中除科技型企业外的其他企业通过资本市场直接融资的可能性极小，在今后相当长的时期内将主要依靠间接融资，而国有商业银行正逐步把业务转移到大中城市，面对需求集中、量大的客户，主营与自身实力相适应的资产负债业务，这无异于为中小金融机构腾出了更多的发展空间。从需求前景看，中小企业的发展已经形成了巨大的小型金融服务市场，迫切需要社会地位与之对等的中小金融机构服务，这是因为，中小金融机构服务的优质、综合、高效特点和拥有管理层次少、成本低以及较好的地缘、人缘优势，主要从事金融零售业务，正好适应中小企业的运行特点和融资需求，能够做好为中小企业量身定做多元化、多层次、全方位的创新金融产品和服务。现阶段，辽宁省虽然已经形成了以城市商业银行、城市信用社、农村信用社为代表的地方性中小金融机构，但与巨大的市场需求相比还远远不够，加之疏于引导和监管，一些中小金融机构出现了较大经营风险，被迫合并或关闭，愈加不能适应市场经济发展的需求。可见，中小金融机构的发展直接关系到中小企业的发展前景，应积极鼓励多种经济成分的金融机构共同规范发展，使其成为建立现代金融企业结构的中坚力量。

（四）积极拓宽直接融资渠道，发展多层次多品种的资本市场

向银行等金融机构贷款是民营中小企业融资的最主要的方式，由于潜在的风险和比较高的交易成本，以及金融机构目前体制的不健全，这种过于依赖银行等金融机构的方式很难使民营中小企业获得足够的资金支持。在民营中小企业快速发展时期，间接融资也无法提供强力的资金支持。因此，进一步拓宽直接融资渠道就显得尤为重要。

1. 完善直接融资体系，建立公正开放、立体化、多层次的资本市场，为中小企业融资打开大门。

首先，不同规模的企业有不同资金需求。一个完善的资本市场应能覆盖不同发展规模的企业，满足各类企业不同数量的融资要求和提供多样化的融资方式，以促进国民经济健康稳定的发展，所以，应该尽快建立一个多元化的资本市场以适应不同发展规模的企业融资要求。

其次，一个企业在不同的发展阶段，有不同的融资策略，在不同时期需要

不同的资本市场来提供多样化的融资服务。这样不仅满足了企业发展中对资金的需求，也保证了社会资金的高效配置和利用。从成熟市场模式来看，一个完善的资本市场体系应包括主板市场、二板市场在内的多层次的资本市场体系，以满足不同规模的企业以及企业在不同成长阶段对融资的要求。发达国家为了扩大资本市场的作用范围，提高资本市场的集中度及降低资本市场的整体风险，一般均建有多层次的资本市场。以美国为例，其资本市场包括全国性证券交易所（纽约、美国两大证券交易所）、地方证券交易所、第三市场（上市股票的场外交易）、第四市场（大机构和投资家直接交易的市场）、纳斯达克全国市场、纳斯达克小型市场、UICBB市场（小额股票挂牌系统）、粉红单市场等多个层次，其中后三个层次的市场是专门为中小企业的资本交易提供服务的，入市标准也逐层降低，在最低层的粉红单市场，企业原则上不需要任何条件即可上市。

国家目前已经开始重视大力发展资本市场，但是，其发展与完善还需要一个过程，在此期间，辽宁省政府应该注重培育优强中小企业上市融资，抓住国家发展证券市场的机遇，鼓励符合条件的优强中小企业加快股份制改造，尽快上市融资。对暂不具备主板上市条件的科技型中小企业，积极争取在海外或创业板上市融资。同时，也应该注意加强和培育中小企业的上市辅导，树立中小企业上市融资的观念，通过开展培训等方式，积累和培育一定的具有上市资格的企业，以增强辽宁省中小企业的整体上市的实力。另外，政府还应该选择有条件的新兴成长的中小企业经过一段时间孵化，进入创业板市场进行融资。

2. 利用创业投资和风险投资，促进中小高新技术企业的发展。利用创业投资和风险投资资金是促进高新技术中小企业的培育和发展的重要融资路径。创业投资和风险投资的基本特征，一是投资周期长，一般为3～7年；二是除投入资金外，投资者还向投资对象提供企业管理等方面的咨询和帮助；三是投资者通过投资结束时的股权转让活动获取投资回报。由于中小型高新技术企业的成长是一个漫长而极具风险的过程，其间又需要大量的资金投入。一般来说，个人没有能力提供企业发展所需的全部资金；而以债权债务形式存在的间接融资体制由于过于强调资金的安全性，也不可能对中小企业尤其是高新技术企业提供带有风险性的资金支持。而风险投资作为一种权益资本则可以为中小企业特别是中小型高新技术企业提供带有风险性的强有力的资金支持。为培育中小企业的风险投资机制，要充分发挥政府对风险投资的导向作用，积极创造条件，鼓励民间资本参与辽宁省中小企业特别是高科技企业风险投资的培育，完善风险投资的退出机制，规范风险投资的市场行为，壮大风险投资规模。

另外，为了在扶持中小企业的同时规避风险，或承担部分风险，可以创建专业的投资公司或设立风险创业基金。通过发展创业投资基金推动中小企业发展对辽宁省经济发展有着重要的作用。投资基金作为一种新型金融中介机构，不仅能够为企业提供资金支持，更有能力依靠专家理财和咨询的优势，改善公司治理结构和管理水平，在创新型企业的组织结构、业务方向、财务管理、领导班子等方面提供智力支持。

3. 借鉴美国"天使投资"的运作模式，发展非正规风险投资。与风险投资一样，天使投资也属于私人权益资本市场。天使投资是指具有一定资本金的个人或家庭，对于所选择的具有巨大发展潜力的初创企业进行早期的、直接的权益资本投资的一种民间投资方式。与风险投资一样，天使投资也是向高风险、高收益，具有巨大增长潜力的项目的早期投资，它也是一种提供追加价值的、参与性很强的、长期的权益资本投资。与风险投资不一致的是，风险投资是风险投资家管理和投资别人（投资者，往往是机构投资者）的钱，而天使投资家是管理和投资他们自己的钱。天使投资的投资期比较早，它们投资的规模偏小（大都低于 25 万美元），投资成本相对较低，投资的速度较快。一般地，天使投资的主要目的一方面是为了获得高额的经济回报，另一方面也是有意愿帮助创业者建设企业。在天使投资者的眼里，中小企业只有投资前景的好坏之分，而没有公有还是非公有之别，只要存在着巨大的投资潜力，天使投资者就会积极地进行投资，为中小企业提供资金。天使投资这种"唯效益是举"的天性给了中小企业真正公平的融资环境，将会极大地鼓舞我国中小企业改进技术，改善经营管理，提高经济效益。天使投资者往往都是"身怀绝技的人"，他们或者说是创业成功者，或者说是律师、会计师，又或者说是大公司的管理者、大学的教授等，为了确保他们投资的安全，他们将会不遗余力地为企业出谋划策。对企业而言，他们得到的不仅是资金，还有许多资金外的宝贵资源。

辽宁省中小企业正好借助天使投资者来改善自己的经营管理水平，提高资金使用效率。因此，我们需要尽快根据辽宁省当地特殊情况，即企业多、地区差异大、企业情况复杂的事实，建立起一个"多层次、多渠道"的资本市场，使得各种投资活动得以开展，进而使得大批中小企业得以发展。

（五）大力发展债券市场、不断推进债券市场的创新，以拓展中小企业利用债券市场进行融资的渠道

债券市场是由功能不同的子市场组成的，首先，要尽快推进全国统一、面

向所有金融机构以及企业法人和个人投资者的债券市场的建立；其次，要采取措施增加债券的市场供应，比如积极推进信贷资产证券化，大力发展企业债券、项目债券市场，丰富债券的期限品种等；再次，要优化债券市场的运行环境，要改革现有债券监管模式，推行中小企业债券发行核准制，放宽中小企业债券募集资金的期限和上市交易的限制条件。另外，还应该加快推动企业债券利率化改革以及推进证券市场的创新。关于创新的问题，从辽宁省中小企业实际来说，借鉴深圳市中小企业发行集合债券的经验，鼓励产业集群化程度较强的中小企业通过发行集合债券的方式在债券市场融通资金，或许是比较可行的选择。

（六）组建地方性的柜台交易市场，为中小企业的股权流通证券交易提供必要的条件

地方柜台交易市场由商业银行提供交易柜台、信息披露、证券托管、结算服务及证券融资业务。交易对象主要是组织规范、经营能力强、财力良好、具有发展潜力的中小企业。

（七）鼓励金融资产管理公司在中小企业领域进行产业资本和金融资本结合的探索，同时可以考虑在整顿信托投资公司基础上鼓励业绩较好的地方信托投资公司对中小企业投资

（八）积极推动融资渠道和融资模式的创新，开发多种融资工具

在大力发展票据融资、租赁融资、典当融资的基础上，不断开发多种融资工具，丰富金融市场的交易品种，为民营中小企业融资提供更宽松、更开放的选择空间。如浙商推出的"广告信贷"模式：2007 年 6 月 17 日，浙商银行、浙江中新力合担保公司和共合网联合在杭州推出了中国首个"广告信贷"项目，浙江最大的民营担保公司中新力合提出"桥隧模式"，即在中小企业、银行、担保公司三者关系中导入一战略投资者（第四方），架通了信贷市场和资本市场。在这种新型的贷款担保模式下，将能实现四方共赢。此次率先推出的"广告信贷"业务，引入第四方共合网采取购买企业股权、为企业注入现金流等创新方式的担保，把银行所拥有的资金资源和共合网所拥有的庞大广告业务资源进行了有效置换整合，促成了资源利用的最大化和产业效益的直接化，从而最大程度上解决了企业在贷款过程中的担保难问题，实现了"天下没有难贷的钱"的目标。共合网本身是经营广告行业的专业型公司，可在创业经验、融资渠道、媒体支持、资源交换、还款督导方面给予众多中小广告企业以全方位指导，从中获取广告效应、增值收益。浙商银行是 2006 年 6 月成立的全国第一家小企业专营银行，通过"广告信贷"项目，在为广告公司解决资金、

注入全新活力的同时，也为金融服务业在全新领域开辟了新的营业、盈利通道，填补了金融服务的市场空白。

三、完善金融体系，大力发展民间融资，构建正规金融与非正规金融互补体系

从前文的分析中，我们已经看到了民间融资对中小企业融资的重要性，但是，理论上来说，民间融资本身所固有的风险大、利率高等消极因素，必然会影响到金融秩序和对金融的宏观调控，从而增加社会的不安定因素。然而，发展民间融资也具有一定的积极作用。

第一，民间融资是正规金融的必要补充，可进一步优化资源配置。如在贷款涉及的范围、金额、利率的协商及方便程度等方面，民间融资显示出其独特的优势。在正规金融顾及不到的中小企业、个体户及小型种养加工等项目上，双方形成了互补的关系，特别是对促进县域经济方面的作用更加明显。与此同时，民间融资具备的信息优势可以使放贷者在小范围内综合地和深入地对投资项目的风险大小、潜在的发展前景和借款人的信用状况进行分析，并选择一个风险和收益相对合理的项目给予资金支持，从而为实现资源在一定小范围内的优化配置提供了条件。

第二，有利于化解和避免由于缺乏对民间融资的引导而产生的负面作用，使自发的民间融资转化为理性的融资行为，发展了社会信用，增强了信用意识，降低民间融资的风险，保证经济发展和社会稳定。民间融资的区域小，借款人与贷款人之间存在着比较密切的联系。借款人事前对贷款人及其资金用途有较为详细的了解，贷中和贷后有不同程度的持续动态跟踪，可以利用地缘、血缘等关系对贷款的使用进行监督，并对资金运用中可能出现的风险进行一定程度的控制。从辽宁银监局对当地的民间融资的抽样问卷调查可以看到，民间融资的总体履约率较高，其中在企业调查中，全部按期偿还民间借款的占68.1%，有过延期偿还情况的占18.6%，两者合计86.7%；有过无法偿还情况的占13.3%；在家庭调查中，全部按期偿还民间借款的占51.2%，有过延期偿还情况的占40%，两者合计达91.2%；有过无法偿还情况的占8.9%。

第三，有利于培育公民的金融意识、投资意识和资本运作意识，为民间资本开辟直接融资和投资的管道。使筹资人和投资者直接见面，减少中间环节，增加资金所有者收益，改善公民收入结构，达到富民的目标。而且，在一定程度上有助于减少当地金融机构的巨额存差，也有助于减少金融机构资金供应压力和分散金融风险。

第四，使资金融通更易于实现。民间融资的简便、快捷、方法灵活，使它可以在短期内实现资金的融通，加快了物流和资金的周转，方便了商品生产者和最终消费者，加快了社会经济生活的节奏和效率。

对于中小企业来说，抵押难、担保难、抵押登记手续烦琐、费用高等是贷款难的主要原因。根据 2005 年的调查显示，被调查样本企业与 2003 年相比，认为向银行、信用社贷款的难度有所增加和增加很多的占 56.2%，而民间融资一般不需要办理抵押、担保、公证等，手续相对简便、快捷的优势更适合中小企业调剂资金的需求。受传统观念影响，部分居民及小额资金信贷首先选择手续简便的民间融资。调查显示，58.2%家庭需要借款首选是向亲朋好友、乡亲、同事等借贷。

第五，有利于凝聚地方民间资本为地方经济服务，宽松的融资环境和合理的融资市场结构也有利于招商引资；也可以引导民营资本"走出去"，到境外直接投资，进行跨国经营。此外，还有利于在全民创业中，使资金向能人集中，使投资者、借贷人关注市场，提高市场经济意识，形成全民创业浪潮。

因此，我们应该真正认识到民间融资的重要性，切实发挥民间融资对正规金融的补充作用，对中小企业融资开辟新途径。但是，在加强民间融资的同时，还必须加强其监管力度。目前，辽宁省的金融监管有三个问题：第一，监管方式单一；第二，监管者缺乏监管的激励机制；第三，监管力度不够，缺乏有效的处罚手段。据此，政府部门对待经济发展中的民间融资要改变放任自流的做法，做到正确引导、堵疏结合、促其规范。首先，要大力搞好宣传工作，让群众了解民间融资的活动必须严格遵守国家法律和行政法规的有关规定，遵循自愿互助、诚实信用的原则。其次，应针对民间融资的特点和发展趋势，尽快制定并出台与之相适应的管理办法和规章制度，明确区分民间融资与非法吸收公众存款的界限，保护合法的民间融资活动，将民间借贷纳入法制化轨道，纳入金融监管范围，为规范民间借贷构筑一个合法的活动平台。此外，应结合当地经济特点和发展计划，积极引导民间资金的正常、健康流动，合理释放民间潜在资本，最大限度地发挥其积极作用。

第三节　完善中小企业信用体系

很多中小企业往往因为融资难不得不面对一次次的财务危机，并因此丧失了许多转瞬即逝的市场机会。导致中小企业融资困境的原因有多种，其中包括企业、银行、政策、体制、观念等多方面的原因，但缺乏一个完善的全国范围的社会信用体系是导致中小企业融资难的一个关键因素。这种不完善的社会信用体系导致较高的信息不对称，增加了企业的融资成本和银行授信成本。中小企业是我国经济发展的生力军，构建我国特色中小企业信用管理体系是保障其健康发展的前提。

一、完善中小企业征信体系

要甄别中小企业是否具有投资价值，是否具有发展前景，避免盲目投资，投资主体需要进行大量的调查研究。企业征信机构正是回应这种需要，为投融资活动提供真实可靠的企业信息数据，全面、具体地反映企业的信用状况。改善信用环境，建立中小企业征信体系，有利于约束企业信用行为，强化社会信用意识，提高社会信用信息的披露程度，防范信贷风险，成为缓解中小企业融资困境的有效措施之一。

1. 建立"中立"和"高效"的征信机构。征信机构是依据法律规定无偿或有偿获得征信资料，加以统计、整理，最终形成企业信用报告并通过有偿提供给使用者获得回报。征信机构在信用信息采集过程中必须尽量避免人为因素的影响，并保持采集的信用信息的原始完整性，不得有选择、有针对性地征集信用信息，不得擅自更改企业和个人的信用评定结果。

在欧美一些发达国家，已经形成一套比较完善的企业信用管理体系，征信机构可以提供集企业资信调查、应收账款管理、国际追账等于一体的综合性服务，完成了从主要经营信息产品向主要提供信用管理顾问服务的转变，其数据处理在快速组合方面愈加完善，并取得了在本国信息服务业市场竞争中的压倒性优势。如美国的邓白氏集团和澳大利亚的 TCM（国际信用管理集团公司），其分支机构遍布全球，形成了覆盖世界的信用管理网络。而益百利（Experian）、全联（Trans－Union）和艾克飞（Equifax）三大消费者征信企业更是拥有消费者信用档案的数量分别高达 2.4 亿份、3 亿份和 1.8 亿份，平均每份消费者档案有 20 个信用信息项目。

2. 建立并不断完善征信数据库，实现数据库资源共享。征信体系建设的关键环节是建成全国统一的、强大的数据库，形成完整的信用记录，并以市场机制来经营征信数据库。这正是征信机构发展的基础，也是构建征信体系的重要任务。当务之急是在我国现有银行信贷登记咨询系统的基础上，探索建立个人征信体系。2006 年中国征信体系建设取得重大进展，企业和个人信用信息基础数据库已经初步建立，其基本目标是为每一个有经济活动的企业和个人建立一套信用档案。目前尚需逐步扩大信息采集范围，扩大对中小企业和个人的覆盖面，并在法律、法规规定的范围内为全社会提供服务。在建立中小企业信用征信系统的基础上，中小企业信息共享中心应充分利用计算机和网络等先进技术和现代化工具，形成一个统一规范、标准的信用信息收集和发布渠道，逐步建立信息查询、交流和共享的信用体系，实现资源整合。

二、完善中小企业信用评级体系

信用评级作为信用体系的重要基石，在信用体系中发挥着不可替代的风险预警、风险检测和风险度量作用。信用评级体系在国外已经有了一百多年的历史，被许多国家成功采用。

银行和信用担保机构与中小企业之间存在着较大的信息不对称，同时也面临着很大的信用风险，这都迫切需要信用评级的帮助。在一个信息不对称的经济环境中，客观、公正的信用评级有助于大大降低信息不利一方的合约风险和交易双方的交易成本，提高交易双方的成交意愿；有助于企业提升自身的形象，引导金融资源的合理流向；有助于企业和国际接轨。可见，掌握先进的信用评价技术有利于改变银行与中小企业信息不对称的状况，从而缓解中小企业融资困境。

完善我国中小企业信用评级体系的建议如下：

1. 立法为先。要有支撑自己健康发展的法律和法规，确保信用评级的工作有法可依。信用评级必须遵守国家有关政策、法律和法规，指标体系要体现国家宏观政策的导向，有些经济效益指标和风险监管指标规定有标准值的，必须体现规定要求，并遵循尊重与发展并重的原则。信用评级对企业的商业秘密的保护是个十分重要的问题。所以，信用评级机构不得随意滥用评级结果，做到既要尊重企业商业秘密，又要促进其健康发展。

2. 制定符合我国国情的中小企业信用评级的指标体系。首先，信用评级指标设计应灵活务实，综合考虑中小企业的经营状况、偿债能力、经营者素质、市场竞争力等因素，采用定量分析与定性分析、静态分析与动态分析相结合的分析技术，对评估对象现金流量充足性进行分析和预测。国际上较为流行的信用要素就是常见的5C：品德（Character）、偿付能力（Capacity）、资本（Capital）、担保品（Collateral）和经济形式（Condition）。它们都是信用评级主要参考因素。其中前三项为内在要素，后两项为外部要素。

此外，信用评级指标体系必须具有针对性，不同的评级对象和评级目的的指标体系应该有所区别。由于不同企业具有各自的经营特点，因此，有一部分指标要结合企业的经营特点来确定，不能千篇一律。国外对中小企业贷款做得最好的是富国银行，它的中小企业贷款份额为全美第一。富国银行在中小企业贷款中最为倚赖的就是它的客户信用评分方法。客户信用评分方法对中小企业信用状况判断准确，并且成本低、时间少、效率高，在银行对中小企业信贷业务中具有广泛的应用前景。

3. 组建既具有中国特色，又能与国际接轨的全国性或区域性的权威性企业信用等级评定机构，打通中小企业进入国际市场的竞争通道。中小企业信用评级体系的壮大与发展，要充分发挥市场机制的作用，以市场为导向，积极发展专业化的社会评级机构，适时引入国外战略投资者①。同时有必要借鉴国外先进的评级技术，促进我国信用评级体系快速发展。利用现代信息处理和通信技术，建立科学高效的管理信息系统。

4. 建立有效的监管体系。对信用评级机构的监管主要包括两方面，即建立信用评级业务的许可制度和"退市"制度。为有效监督信用评级机构，必须建立对评级结果的复审、评价等制度，并建立相应的"退市"制度，培育独立、公正的信用评级机构。

5. 整合部门之间的信用资源，建立中小企业信用信息共享数据库。没有真实、详尽的数据资料，任何信用体系都无从谈起。信用资源共享是信用评级的最终目的。所以，信用评级机构需要整合银行、工商税收、海关、信用担保等部门间的信用资源，制定统一信用评级标准，建立中小企业信用信息共享数据库，形成信用评级、信用担保、商业银行等信用信息共享局面。

三、完善中小企业信用担保体系

当前辽宁省中小企业信用担保公司难以为中小企业提供有效的信用担保，制度设计不合理是重要原因。为补充中小企业信用不足，分散金融机构向中小企业融资存在的风险，政府应考虑在完善担保公司管理法规、取缔非法金融业务的同时，构建多层次的中小企业信用担保体系。

具体而言，主要包括四个层次：

（一）建立为政府公共目标服务的政策性担保公司

为支持政府公共目标，特别是有利于环境保护、节能降耗，以及高新技术的小企业融资，应建立政策性担保公司，按保本微利的原则确定担保费率，免

---

① 李善民，熊美勇. 基于完善信用评级体系的中小企业融资出路探讨［J］. 湖南财经高等专科学校学报，2007（4），105－106，131.

除反担保措施，切实解决小企业贷款外部附加融资成本过高的问题。政策性担保公司应按照公共目标选择机制运作，同时引进风险控制机制和市场操作机制，坚持公开、公正、透明，防止发生寻租行为，并建立风险损失补偿机制。

（二）鼓励小企业成立合作制担保组织

鼓励一些相互间信息透明的企业，在生产合作制的基础上，按照自愿性、互助性、民主管理、非盈利性原则，共同出资组建合作制担保机构。担保机构的组织形式不拘一格，可以采取公司制、合作制或者协议形式等。这一点，江苏省内的沭阳、大丰等县已经出现了一批运作良好的合作制担保组织。2005年以来，沭阳农村合作银行针对小企业资金需求"短、急、频"且缺乏可抵押资产的问题，推广"自助担保"业务，不仅缓解了小企业融资难的问题，而且为银行防范贷款风险、提高经营效益探索出了一条新途径。目前，与农村合作银行已建立合作关系的自助担保公司共 25 家，有 1 241 家会员企业在农村合作银行贷款 12 696 万元，其中 2007 年新增贷款 2 944 万元。

经济欠发达地区，经济基础比较薄弱，企业规模小，无力提供有效的担保，融资难度大，组建商业担保公司也存在一定困难，未来可以考虑结合大力推动生产性和经营性合作组织，引导小企业成立合作制担保组织。

（三）支持有实力的投资者发展商业性担保机构

通过对现有担保公司的重组、兼并、增资扩股等形式做大规模，提高公司治理水平和专业技术水准，提高风险识别和控制能力。鼓励商业银行和担保公司之间建立资金、技术、信息等多层次的合作关系。

另外，应尽快组建不以盈利为目的的信用再担保公司，依据各级担保机构风险管理水平的高低和承担的保证责任大小，收取不同价格的再担保费用，为担保机构提供再担保，分散担保公司风险。再担保公司可以由政府出资，以经济手段间接地承担规范担保机构行为和完善担保体系的责任。

（四）建立担保机构的风险补偿机制

风险补偿机制是中小企业信用担保体系正常运行的关键环节，担保机构仅靠少量的手续费收入和保证金利息收入根本无法弥补高风险所造成的损失，这就要求在其自身经营之外有稳定的外部资金注入，形成风险补偿基金以弥补损失。国际通行的做法是，政府每年在预算内安排一定比例的资金作为中小企业信用担保体系风险基金的主要来源，这项制度从根本上保证了中小企业信用担保体系的正常运作和良性发展。目前从辽宁省实际情况看，由于政府财力较为紧张，很难有充足的资金用于这部分风险补偿，但如果要全面建立中小企业信用担保体系，就必须从制度上对信用担保体系的风险补偿机制加以保证。可考虑政府每年从财政预算中划拨一定的比例作为基础，从科技发展基金、技改贷款贴息中划出一定金额用于高科技行业的风险补偿，协作银行按担保金额和风险状况捐助一定的风险金，担保机构按每年担保费和利息收入的一定比率提取一部分作为补充，共同形成风险补偿基金，这样通过多渠道、多种资金来源可以确保风险补偿机制的顺利运作。

综上所述，中小企业信用体系的完善是一个复杂的、长期的系统工程。政府、金融机构、中介机构和企业本身都要努力参与中小企业信用体系的完善，共同推动中小企业的发展与壮大，缓解中小企业的融资困境，从而增强中小企业的国际竞争力。

第四节　加大政府对中小企业融资的扶持力度

受传统计划经济思想的影响，中小企业作为辽宁省民营经济投资的载体，在经济体制转轨时期，不可避免地在市场经济运行中受到了一些不公平的待遇。要充分保障辽宁省中小企业的发展，现阶段政府的首要任务是积极推行市场经济的非歧视原则，使广大中小企业享受到与国有大型企业及外资企业平等的国民待遇。政策法规应该一视同仁，各级、各部门要从中小企业的财富增加有利于辽宁省整体实力增进的原则出发，取消并废止歧视中小企业的政策和法规，与国际惯例接轨。其次，各级政府要从本地区的实际出发，积极改善中小企业的经营环境。有关部门要依法认真清理各种不利于中小企业发展的行政法规和政策规定，制定有利于各类中小企业发展的政策，促进本地区中小企业的健康发展。再次，地区及各有关部门应当严格按照国家有关政策的规定，切实减轻中小企业的负担，逐步取消不合理收费。同时，应当坚决取消各类地方保护主义措施，创造有利于中小企业与大企业公平竞争的市场环境。最后，应尽快普及和全面推行《中小企业促进法》。

另外，还应该注意的是，针对政府的"越界选择"，应该重构政府与市场的关系。这实际上是一个优化政府干预的问题。在优化中小企业融资环境方面，就是要在引导政府大力扶持的同时，避免出现干预过度的现象，应牢记政府所起的作用只是为中小企业融资体系的健康发展提供一个坚固的法制监管环境。

具体而言，政府对中小企业的政策性扶持可以表现为以下形式：

（一）运用财政补贴政策支持中小企业

财政补贴实质是使接受补贴的企业减少经济成本，减少所得税支出，获取超额利润或更多税后收益。如财政贴息可减少企业融资成本，税前还贷可以少缴纳所得税等。因此，作为政府的政策工具，财政补贴具有明显的方向性，它不仅可以有力地促进某种产业、某类企业的发展，而且可以清楚地表明政府的政策意图。

西方发达国家促进中小企业发展的补贴政策主要有三个特点：一是补贴的形式具有多样性，如自有资本转增资本补贴，高新技术开发与引进补贴，新增员工补贴以及事业扩展和设备更新补贴；二是各种补贴使企业"有利可图"，真正获得好处；三是补贴的直接作用在于促进中小企业科技进步，规模扩大，健康发展，同时客观上起到了提高社会就业率和科技水平，促进经济发展的作用。

借鉴西方发达国家经验，结合辽宁省目前财政的实际状况，促进中小企业发展的财政补贴政策应着眼于以下方面：

第一，对自有资金创建中小企业和对现有中小企业增加投资进行补贴，旨在鼓励居民对中小企业进行投资，从而启动民间资金，促进经济增长，培育新增财源。

第二，对中小企业新增人员（尤其是失业、下岗工人）的培训、工资费用进行适当补贴，旨在创造新增就业机会，扩大就业。

第三，对有成果的科学研究开发项目支出进行补助，旨在鼓励中小企业技术创新，推动社会科技进步。

财政补贴支出通常是无偿支出，扶持中小企业的各项补贴更应遵循财政效率原则，确保资金落到实处。

（二）运用利率和税收手段支持中小企业

政府和中央银行对国有企业给予较多的利率优惠，而对中小企业则不实行，实行浮动利率时，对中小企业的浮动幅度也往往比国有企业要高，这些做法增加了中小企业的筹资成本；同时，因为实际存在的中小企业的授信风险，较高的利率并不能弥补呆账、坏账所造成的损失，因而调高利率并不能调动金融机构向中小企业授信的积极性，反而是对中小企业求贷的拒绝。运用利率手段对中小企业提供支持，主要是合理调整贷款利率结构，真正降低中小企业的利息负担。对利用再贷款、再贴现增加的贷款投放，其利率可适当优惠，并适当增加利率弹性；要认真执行对中小企业的贷款利率可以上浮30%的规定，扩大利率浮动区间；根据不同行业、不同产业制定不同的贷款利率，在中央银行的宏观调控下，应允许各商业银行参与利率的制定，制定合理的利率区间，使利率更具弹性，从而真正发挥利率的调节作用。

此外，政府还可以通过制定相关的税收优惠政策，来引导中小企业投资方向和改善中小企业的结构。出台相应的税收政策来促进中小企业发展，是国际社会的通行做法。法国在 1995 年把向中小企业征收的利润率从 33% 降到 19%，大大减轻了中小企业的负担。我国现阶段也实行了一定的税收优惠政策来促进中小企业的发展，即对纳入全国试点范围的非营利性中小企业信用担保、再担保机构，可由地方政府确定，对其从事担保业务收入，3 年内免征营业税。然而这对于中小企业的发展是远远不够的，可以考虑提高小规模纳税人的税基标准，对中小企业折旧部分免征增值税；尽快实行增值税由生产型向消费型转化；调整和完善所得税政策等。而且，辽宁省地方政府还应该根据本地区的实际情况，制定相应的利率和税收手段，切实扶持与引导中小企业的发展，比如对于有利于提高产业集群化的相关行业的中小企业实行优惠利率或税收倾斜等措施，以鼓励其更快发展。

（三）建立健全与中小企业融资相关的法律体系，为中小企业融资主体提供必要的法律保障

长期以来，政府一贯偏重于发展国有大企业而忽视中小企业的发展，结果由于中小企业自身的弱点及缺乏必要的政府扶持，导致中小企业的发展举步艰难。通过法律法规确定中小企业的地位，维护中小企业的合法权益，促进其发展，是世界各国政府扶持中小企业的通行做法。虽然我国政府也出台了一些鼓励中小企业发展的政策，如《乡镇企业法》、《个人独资企业法》、《关于鼓励和促进中小企业发展的若干政策意见》、《中小企业促进法》等法律法规的颁布实施，但作为一个提供公共产品的部门，政府应该为中小企业的融资提供更完善的法律和政策支持。而目前，我国相关中小企业融资支持的法律政策体系还远不够完善。

第一，我国还没有出台一部确定中小企业地位，保护中小企业发展的法律法规。因此，借鉴国际经验，目前我国亟待制定《中小企业基本法》，以确定中小企业的法律地位。

第二，从增加中小企业融资渠道的角度，应加快制定《中小金融业法》以促进中小金融业的发展，并通过众多的中小金融机构的优质服务，为众多的非金融中小企业提供可靠的融资源泉；为构建多层次的资本市场，发挥资本市场对中小企业融资的作用，应当抓紧制定《风险投资法》，为中小企业设计出一种新的独特的风险融资模式，保障中小企业特别是科技型中小企业能够获得

风险投资（1999 年 5 月我国国务院办公厅转发了科学技术部、财政部的《关于科技型中小企业技术创新基金的暂行规定》，首次由政府提供专项基金来支持中小企业的技术创新。这一规定具有明显的政策倾斜性，实施中起到了一定的积极作用，但也存在某些不足。由于没有与风险投资相适应的专门的法律法规，致使风险投资制度缺乏法律支撑，风险投资者的合法权益难以得到保护）。同时，还应该制定《民间融资法》，更好地规范和保障中小企业的民间融资行为；修订《企业债券管理条例》，为中小企业的债券融资开辟通路等。

第三，专门的信用法规尚未出台。与信用有关的法律法规主要有《民法通则》、《合同法》、《担保法》、《刑法》等，但尚未有专门的规范信用活动的法规，建立良好的社会信用环境缺乏相应的法律支持，基于此，应抓紧修订《担保法》，进一步完善中小企业的信用担保制度，推动金融机构积极地向守信中小企业放贷。我国关于中小企业融资的专门法律法规及为中小企业提供资金扶持的其他法律法规也有待进一步制定和完善。

第四，就地方政府而言，要侧重完善执法环节，强化公平执法，提高执法效率。增强执法机构执法的独立性，杜绝地方政府的干预，严厉打击欺诈、恶意逃废金融债务行为和金融诈骗、制贩假人民币、洗钱等金融犯罪，合法保护金融债权，有效维护金融秩序。加快制定除金融基本制度外的与金融生态环境建设有关的地方性法规、政府规章和其他规范；强化公平执法，完善金融司法保障机制，建立保护金融债权协调制度。各级法院、公安、工商、税务、人民银行及各金融监管等部门要加强协调，密切配合。各金融机构发生涉诉案件，应主动向法院咨询，法院应积极为金融机构提供法律支持。

（四）通过一系列政策与措施，加强行业引导与产业扶持力度

目前，辽宁省中小企业在发展过程中重复投资、重复建设现象严重。产品结构不合理，名优特产品少；低附加值的多，高附加值的少，产品缺乏竞争力，资金占用与资金短缺同时存在。国家"十二五"规划纲要提出，要"大力发展中小企业，完善中小企业政策法规体系。促进中小企业加快转变发展方式，强化质量诚信建设，提高产品质量和竞争能力。推动中小企业调整结构，提升专业化分工协作水平。引导中小企业集群发展，提高创新能力和管理水平。创造良好环境，激发中小企业发展活力。建立健全中小企业金融服务和信用担保体系，提高中小企业贷款规模和比重，拓宽直接融资渠道。落实和完善税收等优惠政策，减轻中小企业社会负担"，这就为中小企业的发展指明了方向。辽宁省政府要通过技术、资金、政策等杠杆作用，不断加强对中小企业的行业引导和产业扶持力度，优先发展科技型、知识型、环保型中小企业；大力

发展都市吸劳型、专业特色型、协作配套型、物资综合利用型中小企业，限制发展高能耗、高污染的中小企业，畅通退出通道，不断淘汰生产能力落后企业，努力使辽宁省中小企业做到"小而专"、"小而精"、"小而特""小而新"，以各具特点的产品和服务，为自己开辟市场。

第一，发展商业孵化器，为高科技中小企业的发展提供更多的融资便利，为解决科技经济"两张皮"问题，大力发展科技产业，实现科技成果产业化。

关于孵化器的概念，中西方学者的见解存在分歧：西方学者强调"科技企业孵化器"（以下简称"孵化器"）的创新服务功能，认为孵化器主要是培育企业适应市场竞争的能力。美国著名孵化器专家罗斯顿·拉卡卡认为，孵化器是一种为培育新生企业而设立的受控制的工作环境；美国国家企业孵化器协会（NAIA）认为，企业孵化是一个商业企业发展的动态过程，孵化器孵化年轻企业，在它们非常脆弱的启动时期帮助其生存并成长，孵化器为企业提供内行管理帮助，将企业引向融资之道，为危机企业暴露风险并提供技术支持服务。而我国学者强调孵化器的孵化空间，认为孵化器是一种减少干扰，具有温室效应的避风港。上述概念的差异反映了中西方孵化器性质上的差异。我国孵化器大多数是一种准政府性质的，主要靠优惠政策来扶持弱小企业；西方孵化器是企业性质的，主要通过提供创新服务帮助企业起步。中国科技部《关于进一步提高科技企业孵化器运行质量的若干意见》指出，孵化器是培育和扶持高新技术中小企业的服务机构，通过为新创办的科技型中小企业提供物理空间和基础设施，提供一系列的服务支持，降低创业者的创业风险和创业成本，提高创业成功率，促进科技成果转化，帮助和支持科技型中小企业成长与发展，培养成功的企业和企业家。孵化器将技术资源、人力资源、基础设施和金融资本结合在一起，为有才干的企业家和有前景的小企业从零开始创业提供发展环境，其产业模式是不断把科技资源（包括科技项目和科技人才）和经济资源（包括资本和劳动力等）进行有机组织、整合、管理和经营，使科技成果商品化、科技企业及科技企业家市场化、网络化和国际化。

我国的孵化器实践始于1987年，以武汉东湖创业中心为起点。目前，全国有孵化器共490多家，居世界第二位。上海成为我国孵化器产业发展领头雁，孵化器和高科技企业在规模、质量和效益上均走全国前列。而辽宁省在这方面的发展还比较缓慢，孵化器起步晚、历史短、孵化器本身、孵化器为在孵企业提供的服务、在孵企业（创业者）以及孵化器所处社会环境有待进一步改善。

具体地说，辽宁省孵化器实践还存在以下问题：孵化器运行机制滞后，投资主体单一，政府色彩浓厚；硬件设施有余，管理服务支持不足；专业人才缺乏，从业人员素质有待提高；信用缺乏；社会网络体系没有建立；中介评级机构没有建立，社会资源不足；创业投资退出渠道狭窄，融资困难；数量多但质量不高；法律地位不明确；区域发展不平衡；经营管理水平和创业企业的服务功能不完善、孵化能力偏低；等等。

因此，辽宁省科技企业孵化器有待进一步深入改革与发展，切实为高科技中小企业提供融资便利。为此，需要进一步深化孵化器的基础理论研究，向国内先进省市如北京、上海、西安、深圳和武汉孵化器模式学习与借鉴，建立科学有效且具有可操作性的孵化器评价指标体系，加强孵化器在区域技术创新中的地位，将孵化器与风险投资和产业化发展相结合。

第二，培育为中小企业融资提供服务的市场中介组织。

社会化服务机构的建设完善及其服务范围的广泛覆盖、服务质量不断提高，是民营中小企业发展的必备条件，因此，必须大力强化我国民营中小企业服务的社会性组织、机构的建设：一要强化工商联的建设，配足人力和资源，提高工作能力，使之真正成为服务民营中小企业和促进中小企业发展的得力组织；二要加强各类行业协会、商会的建设，完善自律功能，从组织架构、工作职能、人员配备、资源配置等方面完善配套，以便更好地承接政府部门即将转移的相关职能，形成政府管理与行业自律相互作用、相得益彰的管理格局；三要大力推动律师事务所、会计师事务所、审计所、投资策划、信息咨询公司和产权交易平台等社会化中介组织的建设，并充分发挥其社会化的特殊动能，为中小企业融资提供方便及时的各项服务，保障中小企业能够获得高质量的政府的、社会的支持和服务；四要制定中小企业诊断制度，通过建立各种咨询机构从各种角度就中小企业的设备、技术、经营方针、生产方法、产品、质量、成本等企业生产经营内容加以调查"诊断"，提出有益于中小企业改善生产经营的具体可行的意见，为中小企业排忧解难；五要通过设立各种培训机构，为中小企业培养管理人才，为中小企业的管理人员提供参加学习经营管理知识和管理方法的机会，所需经费由政府负担或补贴，这对提高中小企业的经营素质具有重要的意义。

结 论

在国内各种理论与实证研究的基础上，本书通过实证研究，从辽宁省中小企业角度系统梳理了中小企业融资结构、融资渠道、信贷约束和融资效率的现实状况与特性，探讨了辽宁省中小企业融资困境的现实状况与内在成因。

我国中小企业的发展虽然符合我国的比较优势，但是仍然面临着很多的难题，陷入在一些困难当中。我们通过对中小企业融资的分析中可以看到，中小企业融资依然十分困难，资金的缺乏是一个瓶颈问题，企业的长远发展问题令人堪忧。通过本书研究，我们得到了如下结论。

（一）中小企业融资结构影响因素分析

1. 由于制造业中小企业在辽宁省百强中小企业中占比达85%，所以本书以制造业为例进行了财务影响因素实证分析。通过分析，得出企业规模、投资机会和抗风险能力是影响制造业中小企业资本结构的最主要的因素。企业规模与总负债比率之间呈显著正相关，是影响融资结构的最主要因素；投资机会与资产负债率呈负相关，与预期符号相反，当投资机会多，公司价值增长的空间很大时，可能会很少借贷；抵抗风险能力与资产负债率负相关，与预期符号相反，当企业抵抗风险能力较强，企业对自身的安全生产很有信心时，则很少启用负债融资。

2. 通过建立融资结构与经营业绩指标的二次方模型，计算出最优资本结构点，即资产负债率为73.41%时主营业务资产收益率为1.2253%。而中小企业三年的资产负债率均值为44.71%，由此可以直观地推断出在2007年度，大多数企业的资产负债率主要位于最优资本结构的左侧变动，即随着企业的资产负债率的提高，其经营业绩也会提高。这说明了目前中小企业的平均资产负债率偏低，未达到最优融资结构，因此要提高资产负债率。虽然模型的代表性不够，但从中我们还是能够得出思路——理想的状态是能够达到的，我们推断最优融资结构（资本结构）将存在，或许它是一个确定的值，或许它存在于一个区间中，只要各个企业能够将自己的融资结构通过改变融资模式、融资渠道等手段将其归入该区间，就会存在使业绩达到最大化的机会。

（二）中小企业融资渠道实证分析结论

1. 短期借贷回归模型的结果表明，企业规模、资产担保价值、投资机会，其他应付款、应付款是其主要影响因素。作为中小企业间接融资的两个主要渠道——银行借贷和商业信贷，二者之间具有显著（95%水平）负相关性。这说明由于中小企业和银行存在严重的信息不对称现象，从银行机构获得贷款审批难度大，作为应付款形式的商业信贷和私人民间非正式借贷自然就成为银行借贷的有效替代，这也在一定程度上证实了辽宁省中小企业信贷约束的严重性。

2. 根据稳健性检验，我们发现，短期借款对应付款的影响要小于应付款对短期借款的影响。这说明应付款相对独立于短期借款，即中小企业在商业信贷不足的情况下才选择从银行贷款。这在一定程度上表明，中国的中小企业面临着严重的信贷约束。

3. 私人民间非正式金融是对银行贷款和商业借贷的有效替代形式，有助于缓解辽宁省中小企业的融资困境。

通过对融资渠道的分析，我们发现，社会信用体系的缺位，商业信贷作用受到严重阻滞，是辽宁省中小企业信贷约束与融资困境的主要原因；作为依赖银企间长期合作关系所产生"软信息"的"关系型借贷"在辽宁省银行机构中并未有效使用；以固定资产为抵押担保的银行贷款政策加剧了中小企业融资困境，构建以存货和应收款等动产抵押担保的金融安排是解决中小企业信贷约束的现实取向；现阶段非正规金融在缓解中小企业融资困境方面起到一定作用。

（三）中小企业融资效率实证分析结论

1. 制造业中小企业的资本结构影响融资效率，而且资本结构对融资效率产生了副作用，表明了制造业中小企业负债水平偏高，负债的副作用已经超过了其对企业价值的提升作用，所以其融资结构很难处于优化合理状态。

2. 制造业中小企业资本结构优化意识淡薄，资本结构不合理，债权融资、股权融资效率低下。

3. 目前辽宁省制造业中小企业的负债水平已经造成对融资效率、企业价值的副作用，因此需要降低负债水平，拓宽融资渠道，增加企业权益性融资，以降低负债，提高融资效率，提升企业总体价值。

（四）缓解融资困境政策建议

根据上述的实证研究和检验，笔者认为，单纯从任一角度展开分析，都无法真正解释上述中小企业融资困境的成因，而隐含在这些因素背后的是更深层次的制度根源，因此，笔者从制度经济学的视角出发，对上述中小企业的融资困境的成因进行深入的剖析，并认识到，产权制度的缺陷、信用制度的缺失、信息不对称和政府干预的不完美性是制约辽宁省中小企业融资的重要制度障碍。本书提出的政策建议：从提高中小企业自身融资能力和为中小企业营造良好的外部融资环境两方面入手，通过优化融资结构、拓展融资渠道尤其是大力协助中小企业改进信号传递能力和信息显示机制，从而根本性地改善中小企业融资难的现状。

具体措施有：促进辽宁省中小企业尽快成熟和完善起来，使其在规范发展的过程中，逐步成为有中国特色的中小企业资本市场，从而成为支持我国中小企业特别是民营中小企业发展的平台和壮大的途径；企业、银行和政府三方要密切配合，政府在中小企业的发展过程中要起到良好的推动作用，如果政府引导不好，将成为中小企业发展的桎梏；陆续出台相应的关于中小企业发展的法律、法规，规范市场秩序；企业应当不断创新，吸引各种投资，尝试包括股权融资、债权融资等不同方式，并且要合理地利用国家的相关优惠政策；银行应当转变观念，对中小企业一视同仁，并创造出一些合理规避风险的工具、机构，从而既降低自身的风险，获得相应的收益，又可以支持中小企业的发展；大力发展中小金融机构，并适当鼓励非正规金融机构的发展，以作为重要的弥补手段；建设信用体系，引导中小企业健康发展。

中小企业的发展面临的问题还有很多，只要从实际出发，开拓创新，配合社会协调发展，最终是会逐步解决的。

参 考 文 献

一、中文部分

[1] 曹凤岐. 建立和健全中小企业信用担保体系 [J]. 金融研究, 2001 (5): 41 – 48.

[2] 陈超, 饶育蕾. 中国上市公司资本结构、企业特征与绩效 [J]. 2003 (1): 70 – 74.

[3] 陈晓红, 郭声琨. 中小企业融资 [M]. 北京: 经济科学出版社. 2000.

[4] 陈晓红. 中小企业融资创新与信用担保 [M]. 北京: 中国人民大学出版社, 2001.

[5] 陈晓红, 黎璞. 分工演化与关系型融资: 中小企业融资问题的新理论解释 [J]. 管理评论, 2003 (5): 19 – 24.

[6] 段永峰, 曹明华, 罗海霞. 影响中小企业融资效率的要素分析及其对策 [J]. 山地农业生物学报, 2004 (6): 517 – 520.

[7] 范飞龙. 非对称信息下中小企业融资信用信号传递模型研究 [J]. 重庆大学学报 (社会科学版), 2002 (6): 59 – 60.

[8] 冯根福, 吴林江, 刘世彦. 我国上市公司资本结构形成的影响因素分析 [J]. 经济学家, 2000 (5): 59 – 66.

[9] 郝丽萍, 谭庆美. 不对称信息下中小企业融资模型研究 [J]. 数量经济技术经济研究, 2002 (5): 57 – 60.

[10] 黄小原, 赵光华, 庄新田. 企业投融资组合的模糊模型与优化 [J]. 控制与决策, 2004 (7): 756 – 758.

[11] 兰莹. 再论"金融约束论" [J]. 经济科学, 2002 (1): 103 – 108.

[12] 李扬, 杨思群. 中小企业融资与银行 [M]. 上海: 上海财经大学出版社, 2001.

[13] 李志斌. 银行结构与中小企业融资 [J]. 经济研究, 2002 (6): 38 – 45.

[14] 李玉潭. 日美欧中小企业理论与政策 [M]. 长春: 吉林大学出版社, 2002.

[15] 梁立俊. 银行的规模优势和市场分割性 [J]. 财经科学, 2003 (4): 17 – 20.

[16] 林汉川. 中小企业存在与发展 [M]. 上海: 上海财经大学出版社, 2001.

[17] 林毅夫, 李永军. 中小金融机构发展与中小企业融资 [J]. 经济研究, 2001 (1): 10 – 18.

[18] 凌智勇, 梁志峰. 中小企业融资制度变迁绩效实证分析研究 [J]. 企业经济, 2003 (6): 141 – 142.

［19］娄淑华，蒋艳．企业最优投场周刊，2005（3）：19－21.

［20］刘新华，线文．我国中小企业融资理论述评［J］．经济学家，2005（2）．

［21］刘红梅，王克强．中国企业融资市场研究［M］．北京：中国物价出版社，2002.

［22］刘旭宁，王海勇．中小企业融资困难的成因分析与改革思路［J］，山东经济战略研究，2005（12）：25－26.

［23］卢福财．企业融资方式演变的历史逻辑与国际比较［J］．当代财经，2001（4）：13－17.

［24］马亚军，宋林．企业融资效率及理论分析框架［J］．吉林财税高等专科学校学报，2004（2）：19－23.

［25］牛雁翎．项目投资与融资财务效益优化决策模型［J］．价值工程，1997（3）：41－45.

［26］青木昌彦．比较制度分析［M］．上海：上海远东出版社，2001.

［27］史晋川，黄燕君，何嗣江，严谷军．中小金融机构与中小企业发展研究——以浙江温州、台州区为例［M］．杭州：浙江大学出版社，2003.

［28］史本山，郭彩虹．中小企业投融资博弈分析［J］．西南交通大学学报（社会科学版），2004（5）：40－41.

［29］王霄，张捷．银行信贷配给与中小企业贷款——一个内生化抵押品和企业规模的理论模型［J］．经济研究，2003（7）：68－75.

［30］王清．农业类上市公司资本结构影响因素的实证分析［J］，当代经济，2007（9）（上）：158－160.

［31］魏开文．中小企业融资效率模糊分析［J］．金融研究，2001（6）．

［32］肖作平，吴世农．我国上市公司资本结构影响因素实证研究［J］．证券市场报，2002（8）：39－44.

［33］徐洪水．中小企业融资难：金融缺口和交易成本最小化［J］．金融研究，2001（11）．

［34］徐志，麻智辉．中小企业信用缺失的危害及对策研究［J］．中国流通经济，2007（9）：30－34.

［35］杨宏，罗秀妹．我国中小企业"融资难"面临的新问题及对策［J］，金融与保险，2004（3）：17－21.

［36］易纲．论存货与经济波动——理论回顾与对中国情况的初步分析［J］．财贸经济，2000（6）：17－22.

［37］尹建中．民营制造企业资本结构与融资效率的实证分析［J］．事业财会，2006（4）：31－34.

［38］张玉明．中小企业信用管理体系建设研究［J］．东岳论丛，2004（7）：104－108.

［39］张沈生．技术创新项目投资与融资决策的问题与对策［J］．2004（7）：42－44.

[40] 张捷，王霄．中小企业金融成长周期与融资结构变化 [J] ．世界经济，2002（9）：43 – 45.

[41] 张杰，刘东．商业信贷、融资约束与我国中小企业融资行为——基于江苏省制造业企业的问卷观测和实证分析 [J] ．金融论坛，2006（10）．

[42] 张捷．中小企业的关系型借贷与银行组织结构 [J] ．经济研究，2002（6）：14 – 20.

[43] 张维迎．詹姆斯·莫里斯论文精选：非对称信息下的激励理论 [M] ．北京：商务印书馆，1997.

[44] 张秀生．国外中小企业的发展概况 [M] ，北京：中国商业出版社，1999.

二、英文部分

[1] Aghion, P.. Incomplete Contracts Approach to Financial Contracting [J] . Review of Economics Studies, Vol. 59, 1992, 473 – 494.

[2] Allen N. Berger, Gregory F. Udell. Small Business Credit Availability and Relationship Lending: The Importance of Bank Organizational Structure [J] . Economic Journal, 2002, Vol. 112.

[3] Barbosa, E., Moraes, C.. Determinants of the Firm's Capital Structure: The Case of the Very Small Enterprises [J] . Working Paper from Econpapers, 2002, 366 – 358.

[4] Berger and Udell. Small Business Credit Availability and Relationship Lending: The Importance of Bank Organizational Structure [J] . Economic Journal, 2002, 112（447）L: 32 – 53.

[5] Booth, Laurence, Varouj Aivazian, Asli Demirguckunt, Vojislav Maksimovie. Capital structures in developing countries [J] . Journal of Finance, 2001（56）：87 – 130.

[6] Bradley, M., Jarrell, G. A.,, Kim, E. H.. On the Existence of an Optimal Capital Structure: Theory and Evidence [J] . Journal of Finance, 1984（39）：857 – 880.

[7] DeAngelo, H., Masulis, R.. Optimal Capital Structure in Corporate and Personal Taxation [J] . Journal of Financial Economics, 1980（8）：3 – 29.

[8] Durand, David. Cost of Debt and Equity Funds for Business: Trends and Problems of Measurement, Conference on Research in Business Finance, National Bureau of Economic Research, NewYork, 1952, 215 – 2478.

[9] Jensen, M. C. and Mecking, W. H.. Theory of the Firm: Managerial Behavior, Agency Costs and Ownership Structure [J] . Journal of Financial Economics, Vol. 3. 1976, 305 – 360.

[10] Kim W. S., Sorensen E. H.. Evidence on the Impact of the Agency Costs of Debt in Corporate Debt Policy [J] . Journal of Financial and Quantitative Analysis, 1986, 21: 131 – 144.

[11] Marsh, P.. The Choice between Equity and Debt: An Empirical Study [J] . Journal of

Finance, 1982 (37): 121 - 144.

[12] Miller, M. H.. Debt and Taxes [J] . Journal of Finance, 1997, Vol. 32, 261 - 2759.

[13] Modigliani, F. and Miller, M. H.. Corpporate Income Taxes and the Cost of Capital: A Correction [J] . American Economic Review, Vol. 53. 1963, 433 - 434.

[14] Myers, S. C. and Mujluf, N. S.. Corporate Financing and Investment DecisionWwhen Firms Have Information that Investor do not Have [J] . Journal of Financial Economics, Vol. 13, 1984, 187 - 221.

[15] Myers, S. C.. Determinants of Corporate Borrowing [J] . Journal of Financial Economics5, 1977, 146 - 75.

[16] Petersen, M. A. and R. G. Rajan. The Benefits of Lending Relationships: Evidence from Small Business Data [J] . the Journal of Finance, XLIX, 1994, 3 - 37.

[17] Petersen, M. A. and R. G. Rajan. Trade Credit: Theories and Evidence [J] . Review of Financial Studies, 1997, Vol. 10. No 3, 661 - 691.

[18] Rajan, R. G. , Zingales, L.. What Do We Known About Capital Structure? Some evidence from International Data [J] . Journal of Finance, 1995 (1): 1421 - 1461.

[19] Ross. The Determination of Financial Structure: The Incentive Signaling Approach [J] . Bell Journal of Economics, 1977, Vol. 8, 23 - 40.

[20] Saring, Oded H.. Bargaining with a Corporation and the Capital Structure of Bargaining Firm [J] . Journal of Financial Economics, 1984 (17) .

[21] Stiglitz, J. , Weiss. Credit Rationing in Markets with Imperfection Information [J] . American Economics Review, 1981, Vol. 70.

[22] Stiglitz, J. , Weiss, A.. Credit Rationing in the Market with Imperfect Information [J] . American Economic Review, 1981, 73 (3): 393 - 409.

[23] Stultz R.. Managerial Discretion and Optimal Financing Policies [J] . Journal ofFinancialEconomics, 1990 (26): 3 - 27.

[24] Titman, S. , Wessels, R.. The Determinants of Capital Structure Choice [J] . Journal of Finance, 1988, (43): 1 - 19.

[25] Wald, J. K.. How Firm Characteristics Affect Capital Structure: An International Comparison [J] . Journal of Financial Research, 1999 (22): 161 - 187.

金融博士论丛